COMO SUPERAR AS PREOCUPAÇÕES E O ESTRESSE

DALE CARNEGIE

COMO SUPERAR AS PREOCUPAÇÕES E O ESTRESSE

Tradução

Patrícia Arnaud

5ª edição

RIO DE JANEIRO | 2024

CIP-BRASIL. CATALOGAÇÃO NA PUBLICAÇÃO
SINDICATO NACIONAL DOS EDITORES DE LIVROS, RJ

C728 5ª ed	Como superar as preocupações e o estresse / Dale Carnegie & Associates, Inc; tradução: Patrícia Arnaud. – 5ª ed. – Rio de Janeiro: Best*Seller*, 2024. il.

Tradução de: Overcoming worry & stress
Apêndice
ISBN 978-85-7684-596-6

1. Relações humanas 2. Sucesso. 3. Conduta. I. Dale Carnegie & Associates.

14-13506

CDD: 158.2
CDU: 316.47

Texto revisado segundo o Acordo Ortográfico da Língua Portuguesa de 1990.

Título original
OVERCOMING WORRY & STRESS
Copyright © Dale Carnegie Associates
Copyright da tradução © 2014 by Editora Best Seller Ltda.

Publicado mediante acordo com Dale Carnegie Associates e
JMW Group Inc., Larchmont, New York.

Capa: Sérgio Carvalho | Periscópio
Editoração eletrônica: Abreu's System

Todos os direitos reservados. Proibida a reprodução,
no todo ou em parte, sem autorização prévia por escrito da editora,
sejam quais forem os meios empregados.

Direitos exclusivos de publicação em língua portuguesa para o Brasil
adquiridos pela
EDITORA BEST SELLER LTDA.
Rua Argentina, 171, parte, São Cristóvão
Rio de Janeiro, RJ – 20921-380
que se reserva a propriedade literária desta tradução

Impresso no Brasil

ISBN 978-85-7684-596-6

Seja um leitor preferencial Record.
Cadastre-se e receba informações sobre nossos lançamentos e nossas promoções.

Atendimento e venda direta ao leitor:
sac@record.com.br

SUMÁRIO

CAPÍTULO 1   Os perigos da preocupação   11

CAPÍTULO 2   Acabe com o hábito da preocupação   30

CAPÍTULO 3   Trabalhe preocupações relacionadas   49

CAPÍTULO 4   Desenvolva uma atitude mental positiva   73

CAPÍTULO 5   Vença o medo   86

CAPÍTULO 6   Aprenda a lidar com o estresse   102

CAPÍTULO 7   Elimine o esgotamento   122

CAPÍTULO 8   Reduzir a pressão do tempo   140

CAPÍTULO 9   Adapte-se à mudança   160

APÊNDICE A   Sobre Dale Carnegie   181

  Sobre o editor original   185

APÊNDICE B   Os princípios de Dale Carnegie   187

PREFÁCIO

Todos nós temos preocupações. Muitas são de curta duração e desaparecem com pouco esforço. Porém, quando uma preocupação persiste, pode nos roubar a vitalidade, o entusiasmo e a energia, levando-nos a colapsos físicos e mentais. Os médicos ressaltam que a preocupação crônica está por trás de inúmeras doenças, como asma, alergias, problemas cardíacos, hipertensão e uma série de outras enfermidades muito numerosas para serem mencionadas.

A mente preocupada é confusa, instável e permanece pensando sem destino sobre diversas coisas inverossímeis. Podemos expulsar a preocupação treinando nossas mentes para se concentrarem em harmonia, paz, beleza, ações corretas, amor, compreensão, e substituindo os pensamentos negativos pelos construtivos.

A preocupação transforma nossas vidas em sombras, e acender a luz é a única maneira de triunfar sobre a escuridão. A luz dissipa a escuridão, como o sol dissipa a névoa. Quando cercados pela preocupação, tudo o que temos a fazer é acender a luz em nossas próprias mentes. É preciso lembrar que somos fortes o suficiente para superar os problemas que nos perturbam e reafirmar a fé que temos em nós mesmos. As preocupações devem ser encaradas à luz da razão, dissecadas e cortadas em pequenos pedaços, para que, então, possamos nos questionar: "Elas são reais? De onde vêm? Essas preocupações têm algum poder? Existe algum princípio por trás delas?" Temos de usar pensamentos racionais para lidar com as preocupações. Isso vai desmembrá-las, além de nos ajudar a perceber que elas são sombras em nossa mente, falaciosas e ilusórias. Nada real — apenas sombras na mente.

Uma sombra não tem poder e, como a preocupação é uma sombra em nossas mentes, não há nenhuma realidade, nenhum princípio e nenhuma verdade por trás dela. Não faz sentido se preocupar com sombras que não têm nada de real.

Devemos substituir a preocupação através da repetição de pensamentos positivos, diversas vezes, até que a mente se apodere da verdade que nos liberta e nos ajuda a seguir em frente. Dá um pouco de trabalho, mas é possível. Temos de estar determinados a fazer isso, dizendo: "Vou superar esse problema. Vou enfrentá-lo cara a cara. Trata-se de uma sombra em minha mente e não vou dar poder às sombras."

Neste livro vamos estudar os vários fatores que nos causam preocupações; examinaremos as preocupações que são iniciadas em nossa vida pessoal e em nossos empregos. Vamos discutir como lidar com o estresse, evitar o esgotamento e manter uma atitude mental positiva que nos permita substituir as preocupações por pensamentos e ações positivas.

Para tirar o proveito máximo deste livro, leia-o inteiro primeiro para absorver o conceito global de como lidar com as preocupações e com o estresse. Em seguida, releia cada capítulo e comece a aplicar as instruções a fim de alcançar cada uma das áreas abrangidas.

Nunca conseguiremos ficar totalmente livres de preocupações, mas podemos minimizar seus efeitos negativos e convertê-las em uma ação positiva que nos faça mais feliz e enriqueça nossas vidas.

Arthur R. Pell, Ph.D.
Editor original

CAPÍTULO 1

Os perigos da preocupação

Quantas vezes, no meio da noite, acordamos suados e preocupados com algum problema que teremos de enfrentar no dia seguinte ou mesmo em um futuro mais distante? Com que frequência paramos de repente no meio de uma atividade alegre e voltamos nossa mente a um problema que nos deixa doente de preocupação? É improvável que qualquer homem ou mulher não seja repetidamente atingido por essas angústias.

No entanto, se semanas ou meses depois olharmos para as questões com as quais estávamos tão preocupados, muitas vezes descobrimos que o problema que transformou nossa alegria em ansiedade e nos despertou de um sono profundo na verdade nunca se desenvolveu ou eram preocupações muito menores do que havíamos imaginado então.

A preocupação nunca resolveu problema algum. Se a energia que utilizamos (e a preocupação é um grande consumidor de energia) fosse canalizada em iniciativas construtivas para resolver nossas inquietudes em vez de remoê-las, poderíamos vencer os medos e a ansiedade, e nos tornaríamos pessoas mais saudáveis e felizes.

Essa não é uma ideia nova. Filósofos e profetas, ao longo dos séculos, expressaram esse conceito de várias maneiras. Dale Carnegie, em seu livro *Como parar de se preocupar e começar a viver,* abordou a fundo o problema. Algumas poucas sugestões desse livro podem ajudar a maioria de nós a colocar as ansiedades sob uma perspectiva adequada.

Três maneiras de minimizar as preocupações

É fácil dizer a alguém para parar de se preocupar, mas fazer isso é outro assunto. Aqui estão algumas sugestões que muitas vezes ajudam:

1. Quando confrontado com um problema, não dê continuidade à preocupação repetidas vezes e de forma incessante. Enfrente-o de uma vez por todas e chegue a uma decisão. A maioria das preocupações é causada pela indecisão.

Ao tomar uma decisão, cumpra-a. Nem sempre ela será a correta, mas qualquer ação positiva geralmente é melhor do que nada. Não cometa o erro de nunca esperar cometer um erro.

2. Decida onde o pensamento termina e a preocupação começa. Lembre-se de que preocupar-se não é o mesmo que pensar. O pensamento esclarecedor é construtivo. A preocupação é destrutiva.

3. Se existe algo que possa fazer para resolver um problema que o incomoda, faça-o. Devemos tomar todas as atitudes possíveis para superá-lo, de modo que ele não nos preocupe mais.

Vários membros de um centro de terceira idade, em Nova York, estavam com medo de serem assaltados no caminho de ida e volta para lá. O medo constante fez com que muitos deles ficassem solitários em seus quartos e outros apenas saíssem para a rua com grande ansiedade. Um dos homens mais velhos reconheceu que essa preocupação estava frustrando a todos e que ninguém fazia nada a respeito, exceto gerar mais preocupação. Ele trocou seus pensamentos pela ação. O resultado foi a criação de um programa para que vários homens e mulheres andassem juntos pela "zona de perigo", durante uma determinada hora, todo dia. O pensamento construtivo, em vez da ansiedade destrutiva, resolveu o problema.

Quando confrontado com um problema, pergunte a si mesmo: "O que de pior pode acontecer?" Em seguida, prepare-se para aceitar a situação que você imaginou. Depois, proceda para melhorá-la.

DALE CARNEGIE

Use a lei das probabilidades

Quando Mike abandonou a faculdade, como tantos jovens de sua geração, ele decidiu viajar de carona pelos Estados Unidos. Sua mãe ficou desesperada. Ela passou várias noites em claro, pensando em todas as coisas que poderiam acontecer ao filho. Ele poderia ser morto, sequestrado, cair em uma vala, ser preso, ficar doente, andar em má companhia e assim por diante.

Durante semanas ela não dormiu, não comeu e não pôde apreciar nenhum momento da vida. Tudo o que fez foi se preocupar.

Ela procurou o conselho de uma velha amiga, que a lembrou de que muitos milhares de jovens tinham feito a mesma coisa. Quantos deles tiveram de fato algum infortúnio?

A amiga sugeriu que ela verificasse esse número junto à polícia, nos jornais e em algumas entidades sociais. Essas fontes comprovaram que apenas um pequeno percentual dos jovens sofrera algum dano. A lei das probabilidades pendeu fortemente a favor do filho retornar sem problemas. Tendo aceitado isso, a mãe de Mike conseguiu relaxar, deixou de se preocupar, e sua vida voltou ao normal. Claro, alguns pensamentos a amedrontavam de tempos em tempos, mas isso nunca mais dominou sua vida.

No momento devido, o rapaz voltou para casa e para a faculdade. Se ela não tivesse colocado isso sob uma perspectiva adequada, sua saúde e seu equilíbrio pessoal poderiam ter sido destruídos.

Viva um dia de cada vez

Em seu livro *Como parar de se preocupar e começar a viver*, Dale Carnegie cita alguns comentários do Dr. William Osler — um dos grandes médicos e filósofos do início do século XX — provenientes de uma abordagem feita por ele a um grupo de alunos na Universidade de Yale.

O Dr. Osler observou que, em um transatlântico de grande porte, o capitão possui o poder de lacrar os compartimentos do navio no caso de este estar inteiramente em perigo. Ele, então, declarou:

"Agora, cada um de vocês é uma organização muito maior do que a do grande transatlântico, encarregada de uma viagem mais longa. O que peço é que vocês aprendam a dominar a maquinaria, tanto para permanecer em um compartimento vedado a cada dia (ou seja, viver um dia de cada vez), como para escolher o caminho mais adequado, que garanta a segurança da viagem. Subam na ponte de comando e certifiquem-se de que pelo menos os grandes anteparos estejam funcionando. Acionem um botão e ouçam, a cada etapa de suas vidas, as portas de ferro fechando os seus passados, os 'ontens' que já morreram. Acionem outro botão e fechem, com uma cortina de metal, o futuro de modo tão firme quanto o passado (...) O futuro é hoje (...) Não existe amanhã. O desperdício de energia, a angústia mental e as preocupações nervosas seguem de modo insistente os passos de alguém que está ansioso em relação ao futuro (...) Em seguida, fechem os grandes anteparos da proa e da popa e preparem-se para cultivar o hábito de ter uma vida de 'compartimentos vedados a cada dia.'"

O Dr. Osler não quis dizer que não devemos fazer esforço algum para nos prepararmos para o amanhã. E sim que a melhor maneira possível de nos prepararmos para o amanhã é nos concentrando, com toda a nossa inteligência e todo o nosso entusiasmo, em fazer o trabalho de hoje, de forma soberba. Esta é a única maneira possível de se preparar para o futuro. Para ajudar a fechar as portas de ferro sobre o passado e o futuro, Dale Carnegie sugere que você faça as seguintes perguntas a si mesmo (escreva as respostas):

- Tenho a tendência de protelar e viver no presente por me preocupar com o futuro ou de sonhar com algum "jardim mágico além do horizonte"?

- Às vezes eu torno o presente amargo por lamentar as coisas que aconteceram no passado e que já acabaram?
- Levanto de manhã determinado a "viver bem o dia", a tirar proveito máximo dessas 24 horas?
- Posso obter mais da vida ao "viver um dia de cada vez"?
- Quando devo começar a fazer isso? Na próxima semana?... Amanhã?... Hoje?

Existe um velho ditado que diz: "O passado acabou e nós não podemos mudá-lo, o futuro é desconhecido, mas o dia de hoje é uma bênção. E é por isso que o chamamos de presente."

Três panelas de água

É tão fácil perder a esperança quando as coisas parecem estar dando constantemente errado. Às vezes parece que, não importa o que seja feito, nada dá certo.

A parábola seguinte fala de outro modo de encarar a vida.

Uma jovem, ao encontrar sua mãe, contou-lhe sobre como as coisas estavam difíceis para ela. Ela não sabia como iria lidar com tudo e queria desistir. Estava cansada de lutar e combater. Parecia que, quando um problema era resolvido, surgia outro.

Sua mãe levou-a para a cozinha, encheu três panelas com água e colocou cada uma em fogo alto. Logo a água das panelas começou a ferver. Na primeira, ela colocou cenouras, na segunda, colocou ovos, e na última colocou grãos moídos de café. Ela deixou tudo ferver, sem dizer uma palavra.

Em cerca de vinte minutos, ela desligou as três bocas do fogão. Retirou as cenouras, os ovos e o café, colocando cada um em uma tigela diferente. Virando-se para a filha, perguntou: "Me diga, o que você vê?"

"Cenouras, ovos e café", ela respondeu. Sua mãe trouxe-a para perto e pediu-lhe que sentisse as cenouras. Ela obedeceu e notou que os vegetais estavam macios. A mãe, então, pediu à filha que pegasse um ovo e o quebrasse. Depois de retirar a casca, ela observou que o ovo estava cozido. Por fim, a mãe pediu à filha que tomasse um gole do café. A filha sorriu ao sentir o delicioso sabor. Ela, então, perguntou: "O que isso significa, mãe?"

A mãe explicou que cada uma daquelas coisas havia enfrentado a mesma adversidade... a água em ebulição. Cada uma reagiu de maneira diferente. A cenoura começou forte, dura e inflexível. No entanto, após ser submetida à água em ebulição, amoleceu e tornou-se fraca. O ovo era frágil. Sua casca fina protegia o interior líquido, mas, após ser colocado na água fervente, a parte interna endureceu. Os grãos moídos de café eram singulares. Após passarem pela água fervente, eles mudaram a água.

"Qual deles você é?", a mãe perguntou. "Quando a adversidade bate à sua porta, como você responde? Você é uma cenoura, um ovo ou um grão de café?"

Pense nisso: o que você é? É uma cenoura que parece forte, mas que, com a dor e a adversidade, murcha e se torna frágil, perdendo a força? É o ovo que começa com um coração maleável, mas que muda com o calor? Você tinha um espírito maleável, mas, após uma morte, uma separação, uma dificuldade financeira ou algum outro sofrimento, tornou-se duro e inflexível? A casca parece a mesma, mas por dentro é amargo e duro, com um espírito inflexível e um coração enrijecido?

Ou seria você como o grão de café? O grão de café realmente muda a água quente, a própria circunstância que traz a dor. Quando a água fica quente, ele libera a fragrância e o sabor. Se somos como o grão de café, quando a situação está no seu pior momento, conseguimos melhorar e mudar o que está ao nosso redor. Quando o momento é crucial e os sofrimentos estão no auge, nós nos elevamos a outro nível? Como lidamos com a adversidade? Somos uma cenoura, um ovo ou um grão de café?

As pessoas mais felizes não têm, necessariamente, o melhor de tudo. Elas simplesmente tiram proveito do máximo das coisas ao longo do caminho. O futuro mais brilhante sempre estará baseado em um passado esquecido. Não podemos avançar na vida até que nos livremos dos erros e das tristezas do passado.

Viva tendo em mente o antigo ditado: "Quando nascemos, choramos, enquanto todos à nossa volta sorriem. Vivamos nossa vida de maneira que quando morrermos, possamos sorrir enquanto todos à nossa volta choram."

Se ao menos as pessoas que se preocupam com as suas responsabilidades pensassem sobre as riquezas que possuem, elas deixariam de se preocupar.

DALE CARNEGIE

Dez dicas para reduzir o quociente de preocupação

É claro que nenhuma vida é completamente livre de preocupações. Questões sérias surgem e realmente fazem com que fiquemos preocupados, aflitos, e podem dominar nossas vidas por algum tempo. No entanto, muitas pessoas se preocupam com problemas triviais, temporários ou mesmo inexistentes. Aqui estão dez sugestões para manter esses pensamentos sob controle.

1. *Cuide da sua vida.*

A maioria das pessoas cria problemas para si ao interferir, muito frequentemente, na vida dos outros. Elas fazem isso porque, de alguma forma, se convencem de que o caminho delas é o melhor caminho, e aqueles que não se conformam com esse pensamento devem ser criticados e conduzidos para a direção certa: a direção que elas determinaram. As pessoas agem dessa maneira por causa de seus egos. Acham que estão sempre certas e que possuem a missão de colocar os outros no que elas consideram "o rumo certo". Se cuidarem da própria vida e derem conselhos apenas quando solicitadas, terão menos com que se preocupar.

2. *Não guarde rancores.*

É normal sentir um mal-estar com pessoas que nos insultam e nos prejudicam. Entretanto, se quisermos seguir em frente, é essencial que cultivemos a arte de perdoar e esquecer. A vida é muito curta para desperdiçá-la com esse tipo de insignificância. Esqueça, perdoe e siga em frente.

3. *Acredite em si mesmo.*

Nós nos preocupamos por nossas conquistas muitas vezes não serem reconhecidas. Nossos chefes ou funcionários raramente (ou nunca) nos elogiam. Devemos entender que há muitas pessoas que não elogiam alguém sem um interesse egoísta. Elas são rápidas em nos criticar, mas ignoram o que já foi feito de bom. Colocamos muita ênfase em como os outros nos veem. Se acreditarmos de modo firme em nossas próprias capacidades e pontos fortes, vamos nos preocupar menos com as atitudes das pessoas em relação a nós.

4. *Cuidado com a inveja.*

Todos nós já tivemos a experiência de como a inveja pode atrapalhar a paz de espírito. Podemos trabalhar mais duro do que os nossos colegas e, no entanto, eles serem promovidos e nós, não. O nosso negócio está apenas em um ponto de equilíbrio, mas o do concorrente está prosperando. Temos inveja do vizinho, porque ele tem um carro mais novo e mais caro. A inveja não vai resolver os nossos problemas, apenas levar à preocupação e à insegurança. Devemos aprender a aceitar o que temos e a trabalhar duro para melhorar, com uma mente livre da inveja.

5. *Não tenha medo da mudança.*

Nenhum progresso pode ser feito sem mudanças; elas são inevitáveis. E, no entanto, muitas pessoas têm medo, pois a mudança as tira de suas zonas de conforto. Se essas lhes são impostas, em vez de temer que venham lhe afetar negativamente, concentre-se em como elas podem tornar as coisas melhores.

A mudança não se limita ao que os outros nos impõem. Devemos sempre analisar como fazemos as coisas e buscar maneiras de realizá-las de modo mais eficaz. Sugerir mudanças implica risco. A mudança pode falhar, mas as pessoas autoconfiantes aprendem a aceitar os riscos e são resistentes o suficiente para não se preocupar com eventuais derrotas e seguir em frente.

6. Aprenda a aceitar o inevitável.

Após 22 anos trabalhando em uma empresa, Edith iria se aposentar em oito anos. Quando a empresa anunciou que estava mudando de ramo, ela não conseguiu acreditar. Todos os seus planos se baseavam na garantia desse emprego.

Todas as noites Edith chorava até dormir. Ela sempre se orgulhou de ser autossuficiente e, agora, se tornaria dependente dos filhos. Em poucas semanas, ela se transformou de alguém alegre e autoconfiante para uma pessoa com os nervos em frangalhos, com enxaqueca e transtornos alimentares. Seu médico reconheceu que medicação não era o tratamento ideal para ela. E sugeriu que ela concentrasse a mente nos vários momentos de sua vida em que havia enfrentado e superado a adversidade.

Com o tempo, Edith aceitou o inevitável e começou a procurar um novo emprego e tomar medidas positivas em direção a uma fase nova e emocionante de sua vida. Ela aprendeu a tirar proveito dos pontos fortes que possuía e a desenvolver a atitude com a qual iria superar o problema.

7. Não dê um passo maior do que as pernas.

As pessoas tendem, frequentemente, a assumir mais responsabilidades do que são capazes de realizar. Isso muitas vezes é feito para satisfazer seus egos. Elas querem que os outros as admirem e por isso tentam fazer mais do que são capazes. É preciso ter consciência de suas limitações. Quando for solicitado a assumir uma tarefa especial quando estiver sobrecarregado, você deve recusar diplomaticamente.

8. *Mantenha a mente ocupada.*
Quando as nossas mentes não estão ocupadas com pensamentos positivos, nós a preenchemos com preocupações, frequentemente problemas triviais ou mesmo improváveis. Devemos manter a mente ocupada com assuntos positivos e que valham a pena. Ler livros inspiradores, ouvir boa música, meditar ou concentrar-se em um projeto comunitário, em um passatempo agradável ou, simplesmente, em alegrias e bênçãos de sua vida são maneiras de expulsar aqueles pensamentos preocupantes.

9. *Faça isso agora.*
Em todas as áreas profissionais e na maioria dos aspectos de nossas vidas temos de fazer coisas de que não gostamos. A tendência é protelar essas coisas e trabalhar naquelas em que sentimos prazer. Se fizermos primeiro o que gostamos, teremos por fim que trabalhar naquilo que não nos agrada. Isso é autodestrutivo. Psicologicamente, se fizermos o que gostamos primeiro não vamos sequer desfrutar isso, já que, durante todo o tempo em que estivermos trabalhando, vamos pensar: "Quando terminar isto, vou ter que enfrentar um trabalho chato." Se tirarmos o trabalho chato do caminho primeiro, podemos aproveitar as atividades agradáveis que virão.

10. *Aprenda com seus erros.*
Todos nós cometemos erros. Ninguém é tão perfeito a ponto de fazer tudo sempre certo. Como observamos, temos de correr

riscos se quisermos progredir, e uma parte integrante de qualquer risco é o possível fracasso. Isso não significa que devemos ser audaciosos. As pessoas bem-sucedidas correm riscos a cada decisão que tomam. Eles nunca podem ser eliminados, mas podem ser minimizados através da análise cuidadosa e do planejamento. Sem sofrimento não é possível ganhar.

Quando se deparar com fracassos, em vez de se preocupar e ficar ruminando a respeito, estude cuidadosamente os motivos que causaram tal resultado e tome medidas para corrigi-los, se possível. E, se não for possível, busque uma solução alternativa, analisando o que provocou o problema, de modo a não cometer o mesmo erro no futuro.

Atenha-se ao que você se propôs

Um atributo importante das pessoas bem-sucedidas não é o fato de sempre terem êxito, mas sim de responderem ao fracasso ou aos obstáculos em vez de se preocuparem com suas capacidades. Isso acontece porque elas se recuperam rapidamente e redobram seus esforços. São pessoas resistentes, uma qualidade daqueles com alta inteligência emocional, capazes de controlar o estresse e a preocupação.

Não importa quais outras características possam faltar a essas pessoas: a persistência, uma determinação obstinada para vencer todos os perigos, está sempre presente. Não importa o quão hostil seja o ambiente, quem ou qual oposição elas tenham de enfrentar ou quais desalentos precisem superar, essas pessoas sempre persistem. Em vez de perder energia com preocupações, trabalham ainda mais e de modo mais alerta para atingir seus objetivos.

A capacidade de aguardar é uma característica de todos os indivíduos que realizaram algo grande. Eles podem apresentar alguma falha em particular, ter muitas fraquezas ou excentricidades, mas não desistem facilmente.

O poder da persistência

O sucesso não acontece da noite para o dia. Steve Jobs e Steve Wozniak vivenciaram um fracasso atrás do outro antes de aperfeiçoarem o primeiro computador bem-sucedido da Apple. Claro, eles tiveram medo de nunca verem esse sucesso, mas deixaram a preocupação de lado e concentraram-se na superação dos problemas que tinham de enfrentar.

Oliver Wendell Holmes, poeta e filósofo norte-americano, expressou isso muito bem:

Nunca desista. Existem chances e mudanças
ajudando aquele que tem esperanças, ainda que remotas;
E, apesar do caos, se você persistir,
a Sabedoria Elevada sempre providencia sucesso.
Nunca desista, pois o mais sábio é o mais ousado,
que sabe que a Providência Divina transforma água em vinho,
e, de todas as máximas, a melhor, assim como a mais antiga,
é a palavra de ordem severa "Nunca desista!".

A persistência em relação a um propósito é um poder. Ela cria confiança nos outros. Quando um indivíduo persistente assume qualquer coisa, será meia batalha vencida, não apenas para ele, mas para todos os envolvidos. As pessoas persistentes nunca se preocupam se estão tendo ou não sucesso. Elas dão o melhor possível de si em tudo o que fazem para alcançar seu rendimento máximo.

O hoje é vida, a única vida garantida. Faça o máximo no dia de hoje. Interesse-se por algo. Anime-se ao se levantar. Busque um passatempo. Deixe os ventos do entusiasmo te levarem. Viva o hoje com gosto.

DALE CARNEGIE

A tenacidade compensa

É preciso determinar o que se vai fazer — e então agir. Aqueles que protelam perpetuamente, hesitando sobre o que fazer primeiro, não vão realizar nem uma coisa nem outra. A perseverança construiu as pirâmides nas planícies do Egito, construiu a Grande Muralha da China, escalou os Alpes, navegou pelos perigosos oceanos, descobriu novas terras e fundou grandes países. Através da perseverança, foram desenvolvidas ideias criativas em negócios prósperos. A tenacidade de homens e mulheres mudou o mundo com novas invenções, descobertas científicas e avanços médicos.

As pessoas que se entregam totalmente aos seus trabalhos estão determinadas a conquistar algo, e se elas tiverem capacidade e bom senso, o sucesso será grande.

> Se você não puder dormir, então levante-se e faça algo em vez de ficar deitado com preocupações na cabeça. É a preocupação que o atrapalha, não a falta de sono.
>
> DALE CARNEGIE

Benjamin Franklin exemplificou isso. Quando começou no negócio gráfico, na Filadélfia, ele combinou, em uma pequena sala, seu escritório, a sala de trabalho e um dormitório. Ele soube que outra empresa gráfica na cidade resolvera eliminá-lo no ramo. Ele convidou o dono dessa empresa para visitá-lo em seu escritório. Apontando para um pedaço de pão que havia sido todo o seu jantar, falou: "A menos que possa viver de forma mais barata do que eu, você não pode me fazer morrer de fome."

Parar cedo demais é outra razão para o fracasso. O proprietário de uma mina no Colorado abriu um túnel de um quilômetro por entre as camadas que pensou conter ouro. Em um ano e meio, após gastar 100 mil dólares, ele não havia conseguido encontrar o ouro, e então desistiu. Outra empresa abriu um metro a mais no túnel e encontrou o minério. Portanto, o ouro da vida pode estar a apenas um metro de distância.

Não desista

Quando tentado a desistir, releia o poema seguinte, de um autor anônimo. Ele vai ajudá-lo a ter foco e encorajá-lo a não desistir cedo demais.

Quando as coisas dão errado, como às vezes acontece,
Quando o caminho que você percorre parece íngreme,
Quando os recursos são poucos e as dívidas, muitas,
E você quer sorrir, mas tem de suspirar,
Quando as preocupações o desanimam um pouco,
Descanse, se precisar, mas não desista.
A vida é estranha, com suas reviravoltas.
É o que cada um de nós às vezes aprende.
E muitos fracassos acontecem
Quando poderíamos ter vencido se tivéssemos persistido:
Não desista, apesar de a caminhada parecer lenta.
Você pode ter sucesso com outro sopro.
O sucesso é o fracasso virado do avesso,
A tonalidade prata das nuvens da dúvida.
E você nunca pode dizer o quanto está perto.
Pode estar perto quando parecer distante,
Persista, portanto, na luta, quando mais for atingido.
É quando as coisas parecem piores que você não deve
desistir.

PONTOS IMPORTANTES

Dale Carnegie organizou os fundamentos básicos para o controle das preocupações nos seguintes princípios:

Quando confrontado com um problema
- Pergunte a si mesmo: "Qual é a pior coisa que pode acontecer?"

- Prepare-se para aceitar o pior.
- Procure melhorar o pior.
- Lembre-se do preço exorbitante que você pode pagar para sua saúde devido às preocupações.

Analise o que está causando a preocupação e a mantenha sob controle
- Reúna todos os fatos.
- Pondere esses fatos e, depois, tome uma decisão.
- Uma vez tomada a decisão, entre em ação!
- Responda por escrito as seguintes perguntas:
  a. Qual é o problema?
  b. Quais são as causas do problema?
  c. Quais são as possíveis soluções?
  d. Qual é a melhor solução possível?

Acabe com o hábito de se preocupar, antes que ele acabe com você
- Viva um dia de cada vez.
- Mantenha-se ocupado.
- Não se preocupe com insignificâncias.
- Use a lei das probabilidades para banir suas preocupações.
- Coopere com o inevitável.
- Decida o quanto algo vale a pena em termos de ansiedade e recuse-se a pagar mais.
- Não se preocupe com o passado.

Cultive uma atitude mental que lhe proporcione paz e felicidade
- Preencha a sua mente com pensamentos de paz, coragem, saúde e esperança.

- Nunca tente se vingar de seus inimigos.
- Espere a ingratidão.
- Conte suas bênçãos, não seus problemas.
- Não imite as outras pessoas.
- Tente tirar proveito das suas perdas.
- Crie felicidade para os outros.
- Quando confrontado com preocupações, não desista.
- Substitua a preocupação pela persistência.
- Desenvolva ideias criativas.
- Não deixe que a crítica dos outros o afete.

CAPÍTULO 2

Acabe com o hábito da preocupação

Quando nos preocupamos com uma situação, seja real ou imaginária, ela não apenas enfraquece a vitalidade e desperdiça energia como também afeta seriamente a qualidade de vida e de trabalho. A preocupação reduz nossa capacidade de lidar com a situação de forma realista. Não podemos vivenciar a mais alta qualidade de vida quando nossa mente está perturbada. O cérebro não consegue pensar de forma clara, vigorosa e lógica. A atenção não pode estar concentrada em qualquer coisa com a mesma força quando os neurônios estão envenenados com ansiedade ou quando são alimentados com sangue puro, tornando-se limpos e serenos.

Orison Swett Marden, um pioneiro na filosofia do autoaperfeiçoamento entre o final do século XIX e o início do século XX, expressou essa ideia de forma sucinta. Ele escreveu:

Não há inimigo maior da harmonia do que ansiedades menores e preocupações mesquinhas. São as pequenas contrariedades e os pequenos aborrecimentos da vida cotidiana que frustram o conforto e a felicidade e nos roubam mais força do que os grandes problemas. Trata-se da perpétua censura e da busca por defeitos, feita por homens e mulheres irritados que arruínam toda a paz e felicidade em muitos lares.

O desperdício de energia mais deplorável na vida humana é causado pelo hábito fatal de antecipar o mal, de temer o que o futuro nos reserva. Sob nenhuma circunstância, o medo ou a preocupação podem ser justificados pela situação, pois há sempre uma conjuntura imaginária, totalmente infundada e sem nenhuma base.

Não se preocupe com assuntos triviais

O que podemos fazer para acabar com o hábito da preocupação? Um bom primeiro passo é analisar os fatores que nos preocupam. Quando perguntaram a um grupo de pessoas com o que elas estavam se preocupando naquele momento em particular, algumas das respostas eram assuntos sérios, como a possível perda de emprego, um problema de saúde ou uma delicada situação familiar. No entanto, uma grande porcentagem era de assuntos relativamente triviais. Algumas respostas:

"Estou apreensivo se vai chover este final de semana, porque isso pode fazer com que um piquenique que planejei seja cancelado."

"Estou preocupada porque não sei se meu vestido vai ficar pronto a tempo para uma festa."

"Estou com medo de que o meu pai não me deixe usar o carro hoje à noite."

"Estou preocupado porque não sei se vou conseguir entregar o meu relatório a tempo."

Claro, estas preocupações parecem ser importantes para as pessoas que as têm, mas a vida é muito curta para que elas se preocupem com assuntos banais, os quais, caso realmente viessem a se desenvolver, lhes causariam, no máximo, um incômodo.

Não se aflija com insignificâncias. Não permita que as coisas pequenas, os simples cupins da vida, destruam sua felicidade.

DALE CARNEGIE

Substitua a preocupação pela ação

Frequentemente, nossas depressões são provocadas pela preocupação. Nós nos preocupamos com muitas coisas: com a nossa família, com a nossa saúde, com o nosso futuro — sendo que, muitas vezes, as coisas pelas quais nos angustiamos são bastante improváveis de acontecer.

Jeremy estava preocupado. Seu melhor amigo, Gabriel, tinha acabado de sofrer um ataque cardíaco. Ele parecia estar em perfeita saúde e, de repente, no meio de uma partida de tênis, desmaiou na quadra e teve de ser levado com urgência para o hospital. Jeremy não conseguia parar de pensar que isso poderia facilmente ter acontecido com ele. Assim como Gabriel, ele estava com quase 50 anos, um pouco acima do peso, não fumava ou bebia em excesso e se exercitava regularmente. Essa preocupação levou-o a um estado de grande ansiedade, pois tinha certeza de que qualquer dor ou incômodo no peito era indício de um iminente ataque. Durante o dia, ele se distraía em seu trabalho. À noite, porém, dormia mal, pensando o tempo todo em sua saúde e preocupando-se com o que poderia acontecer à sua família se ele morresse repentinamente.

Há anos ele não fazia um check-up e estava com medo de ir ao médico por temer que este confirmasse que ele tinha problemas cardíacos. Sua esposa comentou que a preocupação com um possível problema no coração poderia realmente precipitar um enfarte. Ela o persuadiu a consultar um bom cardiologista que, após uma série completa de exames, garantiu que o coração dele estava em excelentes condições e recomendou um regime para assegurar a saúde a longo prazo.

Coopere com o inevitável

Às vezes nos deparamos com coisas em nossas vidas sobre as quais não temos controle. Muitas pessoas se entregam e deixam que isso as domine. Outras encontram maneiras de aproveitar a situação como um meio de alcançar novos objetivos.

Michael J. Fox, famoso ator de cinema e televisão, é uma dessas pessoas que enfrentam seus problemas. Ele atingiu o auge do sucesso antes de chegar aos 30 anos. Foi aclamado como uma das principais estrelas em uma indústria repleta de astros. Aos 30 anos, porém, ele foi diagnosticado com o mal de Parkinson, uma doença debilitante e progressiva sem cura conhecida, que prejudica as habilidades motoras, a fala e outras funções. Fox recusou-se a se entregar e, durante os vários anos que se seguiram, conseguiu preservar sua carreira, adaptando com sucesso seus trabalhos à sua condição. No entanto, com a progressão da doença, ele optou por deixar a profissão de ator e dedicar-se a ajudar outras pessoas que sofrem do mesmo mal. Tornou-se um líder no movimento para fomentar a pesquisa com células-tronco: para trabalhar na busca da cura ou, pelo menos, um meio de controlar a doença, ele fundou a Fundação Michael J. Fox para Pesquisa de Parkinson. O Sr. Fox tem sido uma testemunha-chave perante as comissões do Congresso dos Estados Unidos sobre questões de saúde.

Dale Carnegie entrevistou vários empresários líderes na América e ficou impressionado com o fato de eles, ao cooperarem com o inevitável, se verem como pessoas relativamente livres de preocupação. Aqui estão alguns exemplos:

J.C. Penney, fundador de uma cadeia de lojas do ramo da moda: "Eu não me preocuparia se perdesse cada centavo que tenho, porque não vejo o que se pode ganhar tendo preocupações. Faço o melhor trabalho que posso e deixo os resultados nas mãos dos deuses."

Henry Ford: "Quando não consigo lidar com certos acontecimentos, deixo que eles lidem com eles mesmos."

K.T. Keller, presidente da Chrysler: "Quando me deparo com uma situação difícil, se eu puder fazer qualquer coisa em relação a isso, faço. Se não puder, simplesmente a esqueço. Nunca me preocupo com o futuro, porque sei que nenhum homem vivo consegue descobrir o que vai acontecer amanhã."

E uma velha cantiga da Mamãe Ganso resume tudo isso:

Para cada doença sob o sol
há um remédio ou não há;
se houver, tente encontrá-lo;
se não houver, esqueça.

Quando aceitamos o pior, não temos nada a perder. E isso significa, automaticamente, que temos tudo a ganhar.

DALE CARNEGIE

Coloque um limitador de perdas (*stop loss*) nas preocupações

Comerciantes no mercado de ações usam uma técnica para minimizar suas chances de perdas. Por exemplo, quando eles compram um bloco de ações por cinquenta dólares cada ação, eles colocam um *stop loss order* (limitador de perda do investidor) sobre aquele bloco a, digamos, 45 dólares. Isso significa que, se o preço daquele bloco de ações declinar em cinco dólares, será vendido automaticamente, limitando assim a perda em cinco pontos.

Como podemos aplicar isso para interromper nossas preocupações? Uma das formas é impor um limite de tempo para o problema. Caroline estava com medo que seu departamento fosse anexado a outro e achava que seu emprego corria perigo. Todos os dias ela ia trabalhar preocupada, achando que aquele seria o dia em que receberia a notícia. Ela compartilhou essa preocupação com um colega, que disse: "Eu também estava preocupado com essa fusão, mas quando o rumor começou, descobri que, se fosse para acontecer, seria dentro de poucas semanas. Então, coloquei um 'limitador' sobre isso e, quando o tempo passou, sem a fusão, parei de me preocupar."

Dale Carnegie recomenda que, quando confrontado com preocupações, devemos nos fazer as seguintes perguntas:

1. Quanto realmente importa para mim esta questão com a qual estou me preocupando?

2. Em que momento devo estabelecer um "limitador de perdas" sobre esta preocupação e esquecê-la?

3. Quanto exatamente vale esta preocupação? Já me preocupei com isso mais do que deveria?

Isso também há de passar

A única coisa com a qual podemos contar em termos de preocupação é o fato de que, não importa o motivo que nos preocupa, ele não dura para sempre. Existem diversas parábolas famosas, narradas em muitas culturas diferentes, que ilustram isso. Uma das mais populares é a do rei Salomão.

O rei Salomão vivia cercado de preocupações. Apesar de sua riqueza, seu poder e até mesmo sua renomada sabedoria, ele não conseguia encontrar alívio para suas preocupações. "Tenho receio de que meu sofrimento vai durar para sempre e, mesmo quando me sinto satisfeito, temo que isso não vá durar", falou aos seus cortesãos. Ele encarregou seus homens mais sábios de encontrar um ditado que fosse verdadeiro e apropriado para ajudá-lo em todos os momentos e situações.

Mensageiros procuraram por todo o reino por esse ditado mágico. Um dia, eles encontraram um ancião conhecido por seus muitos anos dando bons conselhos a todos que os solicitavam. O ancião disse: "Deem ao rei este anel. Nele está gravado o conselho que ele procura. Quando estiver preocupado ou temeroso, o rei deve ler e reler as palavras inscritas."

O mensageiro entregou o anel a Salomão, que leu a inscrição: "E isso também há de passar." O rei colocou o anel no dedo e disse: "Como estas palavras são sábias! Como repreensão na hora do orgulho! Como consolo nas profundezas da aflição!" Seus sofrimentos se transformaram em alegria, e sua alegria, em sofrimentos, e, assim, ambos deram lugar à paz de espírito.

Supere a preocupação com uma conversa consigo mesmo

Estamos sempre tendo diálogos em nossas cabeças. A voz mansa e tranquila dentro de nossa mente está constantemente zumbindo, nos dizendo o que pensar, como agir e reagir, e como nos autoavaliar. Quando estamos preocupados, essa voz interior se concentra no ato da preocupação e, em vez de aliviar, exacerba a questão que tanto nos incomoda.

Uma das maneiras de superar isso é controlar essa voz interior, através de uma estimulante conversa. Quando um time de futebol está perdendo, ao final do primeiro tempo, o treinador tem uma conversa de incentivo para motivar os jogadores a fazer os gols que faltam e vencer o jogo. Quando estamos com alguma preocupação, devemos imitar o treinador. Uma boa e estimulante conversa pode expulsar as preocupações e substituí-las por pensamentos positivos que ajudarão a resolver o problema.

O primeiro passo para o desenvolvimento de uma conversa estimulante consigo mesmo é criar um inventário de seus pontos fortes, de suas características e de suas realizações.

Aprender a se aceitar e se apreciar é essencial para vencer o efeito da preocupação.

Aceite a si mesmo. Isso vem da capacidade de aceitar o nosso verdadeiro eu e de focar no positivo: nossas qualidades, nossos pontos fortes e as características que fazem com que sejamos quem somos. Quando nos concentramos nessas áreas da autoimagem, tanto a confiança quanto a autoestima são influenciadas de forma positiva. É muito comum as pessoas se concentrarem em seus pontos fracos, em vez de nos pontos fortes. Devemos nos ajudar (e ajudar os outros) a focar suas imagens positivas. Este é o primeiro passo para lidar com a preocupação.

Aprecie-se. O importante é focar em nossos sucessos e nas conquistas do passado, e nos respeitarmos pelo bem que fizemos. Quando passamos algum tempo contemplando os muitos sucessos que alcançamos em nossas vidas, a perspectiva muda e a confiança aumenta.

Quando as duas categorias acima são somadas, é possível criar uma conversa estimulante e poderosa, apoiada por evidências. Trata-se de uma discussão interna que todos nós devemos ter, de tempos em tempos, para continuar a acreditar em nós mesmos. Essa é uma ferramenta para retomar o controle da única coisa sobre a qual temos domínio total: nosso pensamento.

Preocupações financeiras

Quando perguntam às pessoas sobre o maior motivo de suas preocupações, um dos principais itens da lista se refere a finanças. As pessoas se preocupam se serão capazes de pagar os cartões de crédito, o financiamento de seus automóveis, as hipotecas e os empréstimos pessoais. Outras podem se preocupar, de vez em quando, com o aluguel, as contas médicas, ou mesmo com a satisfação de necessidades básicas.

Essa situação é exacerbada quando as condições econômicas são desfavoráveis, quando as empresas demitem funcionários ou reduzem as horas de trabalho. Mas o ato de preocupar-se nunca resolve o problema. Há algumas circunstâncias em que as pessoas são tão consumidas pela dívida que somente medidas drásticas, como a declaração de falência, são a única saída. A maioria de nós se esforça para evitar essa ação.

Dez medidas para minimizar as preocupações financeiras

Especialistas em gestão financeira apresentam as dez maneiras de controlar os nossos hábitos de gasto, para ficarmos menos propensos a contrair dívidas esmagadoras:

1. *Analise o seu padrão de gasto.*
Para onde vai o dinheiro? Comece com uma lista de despesas fixas, como o aluguel, eventuais financiamentos, parcelas do carro ou empréstimos, contas de serviços, entre outros. Adicione a isso as despesas variáveis: o que se gasta com mantimentos, lavanderia, vestuário, utilidades domésticas etc. Observe se estes são pagos em dinheiro ou debitados em cartões de crédito. Se fizer isso por dois ou três meses, obterá uma visão completa de para onde está indo o seu dinheiro.

2. *Prepare um orçamento.*

A ideia de um orçamento assusta algumas pessoas. Elas temem que ele vá apenas piorar as coisas, porque estarão constantemente preocupadas em cumpri-lo. Mas lembre-se: orçamentos são orientações. Nós os estabelecemos para nos ajudar a manter a linha. Um orçamento bem-elaborado nos permite permanecer dentro dos limites do nosso rendimento e nos mostra em quais áreas estamos gastando muito, para que seja possível fazer os ajustes necessários. Percebemos que estamos além do nosso orçamento para vestuário, então resistimos em comprar aquele vestido ou terno novo. Isso pode esperar até o próximo mês. Aprendemos em quais áreas podemos cortar nossas despesas desnecessárias, decidindo comer fora com menos frequência ou substituindo um produto por uma marca mais barata.

3. *Use cartões de crédito de forma sábia.*

O cartão de crédito é um meio muito conveniente para fazer compras, e é tentador comprar mais do que se pode pagar quando não há necessidade de ter o dinheiro naquele momento. Deve-se usar o cartão de crédito da mesma forma que se usa o talão de cheques: se não tiver dinheiro ou não espera tê-lo no momento em que a conta deverá ser paga, não efetue a compra. É claro, se há itens de que você realmente precisa ou eles são muito caros para que os pague de uma só vez — mas valem a pena a longo prazo —, usar o cartão de crédito é válido. Um bom substituto é o cartão de débito, que funciona como o talão de cheques. Todos os pagamentos são debitados da sua conta imediatamente. Esse é um meio interessante para realizar pagamentos, sem precisar carregar dinheiro ou incorrer em dívida.

4. *Pague os cartões de crédito.*

As taxas de juros em cartões de crédito podem ser extremamente elevadas. Se quitar apenas o pagamento mínimo requerido a cada mês, os juros podem chegar a grandes proporções. Elabore um orçamento com o maior montante possível para manter saldos.

5. *Providencie disponibilidade de crédito.*

Há momentos em que é necessário ter mais dinheiro para o caso de haver emergências. É bom ter crédito disponível. Se for necessário um empréstimo proveniente de alguma instituição financeira, esta verificará o seu nome em várias agências de proteção ao crédito. Essas agências classificam o cliente com base em seu histórico de pagamento de suas contas. Se o cliente tem um registro de problemas de cobrança, pagamentos atrasados ou outros fatores negativos, a pontuação de crédito será baixa e o crédito, negado. Esta é outra boa razão para as contas serem pagas em dia.

Além disso, muitas instituições de empréstimo vão exigir garantias, como lastro para o empréstimo. Geralmente são aceitos títulos financeiros, algumas apólices de seguro e bens materiais.

Proprietários de imóveis têm uma excelente fonte para obter linhas de crédito, um empréstimo garantido por hipotecas. Uma linha de crédito pode ser obtida com base no patrimônio imobiliário (valor de vendas menos hipotecas pendentes). Mesmo que não haja necessidade imediata de um empréstimo, faz todo o sentido obter uma linha de crédito, de modo que, se houver necessidade, o dinheiro estará disponível.

6. *Faça seguro contra infortúnios.*

O seguro está disponível para nos proteger dos custos envolvidos em todos os tipos de acidentes ou despesas inesperadas. Podemos contratar um seguro contra danos provocados por fogo, roubo, acidentes de automóvel e outras calamidades.

Se você não trabalha em uma empresa que forneça seguro-saúde para os funcionários, ou não está coberto por um programa do governo, é possível contratar um plano de saúde particular.

7. *Poupe.*

Faça questão de poupar um montante específico a cada contracheque. Analise seu orçamento e determine o quanto pode reservar como poupança. Se você trabalha em uma empresa na qual os funcionários são incentivados a guardar parte de seus salários em um fundo especial, e a empresa contribui com um montante igual para aquele fundo, tire proveito disso. Esta é uma excelente maneira de poupar. Se você não tem um plano desse tipo, é indispensável, para sua segurança a longo prazo, que estabeleça um programa de poupança. O dinheiro reservado deve ser investido em um banco ou em títulos sólidos.

8. *Invista de forma conservadora.*

É tentador investir nossas economias em ações que parecem prometer crescimento rápido e grandes lucros. Sim, esse tipo de ação existe, mas o outro lado da moeda é que há tanta chance de ganhar quanto de perder. Você não pode correr riscos com as suas economias. É melhor obter o conselho de um experiente consultor financeiro para orientá-lo em sua estratégia de investimento.

9. *Não dependa de esperança ou sorte.*

Sandra nunca poupou. Ela gastava cada centavo que recebia e usava o limite máximo de seus cartões de crédito. Quando alertada pelos amigos sobre isso, ela declarou: "Eu tenho um tio rico e sou a sobrinha favorita dele. Ele tem 80 anos de idade e não vai viver muito mais tempo, e eu vou herdar o dinheiro." Mas teve de declarar falência quando seu tio deixou todo o dinheiro dele para uma instituição de caridade.

Cecil tinha certeza que ganharia na loteria. Ele nunca economizava dinheiro, mas comprava de vinte a trinta bilhetes de loteria por mês. As chances de ser premiado são ínfimas. Se ele tivesse investido aqueles vinte ou trinta dólares em um título financeiro seguro, construiria um pé-de-meia para o futuro.

10. *Não tente acompanhar o padrão de vida daqueles que são mais ricos que você.*

Muitas pessoas entram em confusões financeiras porque têm inveja dos amigos ou dos vizinhos e gastam mais dinheiro do que podem para possuir o carro caro igual ao de Fulano ou comprar os vestidos de marcas iguais aos de Beltrana.

Você se lembra das coisas com as quais se preocupou há um ano? Como elas se resolveram? Você não desperdiçou bastante energia inútil por causa da maioria delas? A maioria deu certo, apesar de tudo?

DALE CARNEGIE

Oração e meditação

As pessoas que acreditam em Deus acham que a oração é um antídoto eficaz contra a preocupação. A fé é um modo de pensar; a fé no poder criador é o único poder que responde quando evocado.

O Dr. Carl Jung, um dos grandes psicólogos dos tempos modernos, reiterou isso. Ele escreveu:

Durante os últimos trinta anos, pessoas de todos os países civilizados me consultaram. Tratei centenas de pacientes. Entre os pacientes com idade acima de 35 anos, não houve nenhum cujo problema, em última análise, não fosse o de encontrar uma perspectiva religiosa na vida. É seguro dizer que cada um deles se sentia mal porque havia perdido aquilo que as religiões ofereciam aos seus seguidores. E nenhum deles — os que não recuperaram sua perspectiva religiosa — realmente foi curado.

William James, psicólogo norte-americano pioneiro, concordou. Ele escreveu: "A fé é uma das forças pelas quais os homens vivem, e sua total ausência significa colapso."

Um bom exemplo do poder da fé é Jillian, que estava em seus trinta e poucos anos quando foi diagnosticada com uma forma terminal de câncer. Sendo uma advogada muito bem-sucedida, ela ganhara casos que a maioria dos colegas julgava sem esperança. Ela pensou: "Se eu pude vencer as dificuldades em minha carreira de advogada, por que não poderia vencê-las nesta situação de saúde?"

Jillian, uma crente devota, voltou-se para a oração. Ela disse: "É verdade que muitos morrem de câncer terminal, mas eu me recuso a desistir. Acredito que Deus me colocou na Terra para servir a um propósito, e eu tenho muito mais a ser feito antes de morrer." Em vez de ficar obcecada com a saúde, ela rezava a seguinte oração todo dia, ao acordar e novamente antes de dormir:

Eterno Deus, fonte de cura
da minha angústia, eu vos invoco.
Ajude-me a sentir a sua presença
neste momento difícil.
Você já me presenteou com sua bondade:
a habilidade do meu médico,
a preocupação das outras pessoas que me ajudam,
a compaixão daqueles que amo.
Rezo para que eu possa ser digna de tudo isso,
hoje e nos dias que virão.
Ajude-me a banir toda a amargura;
não deixe que o desespero me vença.
Conceda-me paciência quando os momentos forem
pesados;
dê-me coragem sempre que houver sofrimento ou decepção.
Mantenha-me confiante em seu amor, ó Deus.
Dê-me força para hoje e esperança para amanhã.
Em suas mãos amorosas eu entrego o meu espírito,
quando adormecida ou quando acordada.
Você está comigo, eu não temerei.
Ajude-me, ó Deus, em meu momento de necessidade.

Quando Jillian foi para a consulta com o médico, alguns meses depois, descobriu que o câncer havia entrado em estado de remissão. Jillian prosseguiu, de modo ininterrupto, em sua brilhante carreira.

Há um velho ditado que diz que Deus ajuda aqueles que se ajudam. Quando temos fé profunda, nós nos tornamos nossos próprios salvadores. Nós respondemos à nossa própria oração. O que quer que impressione nossas mentes é expresso como forma, função, experiência e ocorrência.

O que realmente acreditamos em nossos corações é aquilo que vivenciamos. Se acreditarmos no fracasso, mesmo trabalhando bastante, vamos fracassar. Nós podemos ser muito bons. Podemos ser gentis com os pobres, visitar hospitais, dar dinheiro para instituições de caridade e ajudar os outros, mas é o que temos como crença em nossos corações que realmente importa, e não o que oferecemos como parecer teórico favorável.

Muitas pessoas, quando têm um problema, analisam esse problema, discutem sobre ele e o ampliam. O problema as consome. Como alternativa, elas devem afastar-se dele. Devem concentrar-se em uma solução, voltar sua atenção para ela, e a fé vai responder.

Nada nos dará paz, felicidade e sucesso como o triunfo dos princípios nas nossas próprias mentes. Não estamos falando de credos, dogmas ou qualquer coisa dessa natureza. Há pessoas que podem não fazer parte de uma religião ou possuir um credo específico, mas que acreditam que existe um espírito-guia que pode ajudá-las a superar a preocupação e o medo.

Mesmo quando não somos adeptos de uma religião específica, podemos ser inspirados por um espírito infinito, pela presença e poder dentro de nós, em vez de pensar em todas as imperfeições no mundo. Ao nos alimentarmos dos defeitos e das negligências de outras pessoas, estamos reproduzindo a mesma coisa em nossa mente, em nosso corpo e em nossa história. Ao termos ciúmes de alguém, estamos humilhando a nós mesmos e colocando a outra pessoa em um pedestal e aceitando que ela tenha o poder de nos perturbar.

Talvez seja um caso de complexo de inferioridade, em que somos cheios de autocrítica. Projetamos nossa própria inferioridade sobre os membros de nossa família e perdemos a confiança deles. Não gostamos do que vemos, mas tudo está dentro de nós. Caso contrário, não seria possível ver.

É por isso que Einstein disse: "O mundo que vemos é o mundo que somos." Isso é absolutamente verdadeiro. Nós colorimos tudo pela nossa disposição temperamental, pela nossa formação, pelas crenças e pelos conceitos filosóficos.

Mesmo que as pessoas não sejam religiosas por natureza ou formação, mesmo que sejam absolutamente céticas, a oração pode ajudá-las. A oração ajuda as pessoas a colocar em palavras aquilo que as está incomodando. É como escrever problemas no papel. Se pedirmos ajuda por um problema, até mesmo para Deus, devemos, primeiro, colocar isso em palavras.

A oração traz um sentido de compartilhamento de fardos, um sentimento de não estar sozinho. Poucos são fortes o suficiente para suportar os fardos sozinhos. Às vezes, as nossas preocupações são de natureza tão íntima que não podemos discuti-las nem mesmo com nossos amigos ou parentes mais próximos. Contar a alguém os nossos problemas é uma maneira eficaz de começar o processo de cura. Quando não podemos contar a ninguém mais, podemos sempre contar a Deus.

A oração coloca em movimento um princípio ativo do ato de fazer. É um primeiro passo em direção à ação. A oração tem sido denominada como a forma mais poderosa de energia que alguém pode gerar. Tenha isso em mente quando as preocupações dominarem sua vida.

PONTOS IMPORTANTES

- Quando nos preocupamos com uma situação, seja real ou imaginária, ela exaure nossa vitalidade e desperdiça energia, além de reduzir nossa capacidade de lidar com a situação de forma realista.
- Não deixe que a preocupação com insignificâncias destrua sua paz de espírito.
- Em vez de se preocupar com o problema, tome medidas que ajudem a resolvê-lo.
- Coopere com o inevitável. Se você sabe que é impossível mudar uma circunstância, prepare-se para aceitá-la e conviver com isso.
- Coloque um "limitador de perda" (*stop loss order*) em suas preocupações. Decida o quanto de ansiedade uma determinada coisa pode valer e se recuse a dar-lhe mais do que o estabelecido.
- Quando as coisas parecerem sombrias, treine a si mesmo e recupere a inspiração com uma conversa estimulante consigo mesmo.
- Minimize a preocupação com questões financeiras adotando medidas ativas para gerenciar orçamentos e despesas.
- Quando as preocupações dominarem sua vida, lembre-se o que estava gravado no anel do rei Salomão: "Isso também há de passar."
- Ore. Quando temos fé, temos força para enfrentar e derrotar nossas preocupações.

CAPÍTULO 3

Trabalhe preocupações relacionadas

Além das preocupações pessoais, a maioria de nós também se preocupa com assuntos relacionados ao trabalho. Nós nos preocupamos com chefes, com avaliações de desempenho, com metas não atingidas e, frequentemente, com a possibilidade de sermos demitidos ou dispensados. Neste capítulo, vamos analisar algumas dessas preocupações e o que podemos fazer para aliviá-las ou, pelo menos, minimizá-las.

A lista a seguir é composta por áreas mencionadas pelos funcionários quando questionados sobre os aspectos de seus empregos que mais os preocupavam:

- Ser demitido
- Mudança de funções no trabalho
- Exigências de trabalho acima do considerado viável
- Pressão de tempo
- Prazos
- Expectativas pouco claras

- Expectativas ampliadas
- Relacionamentos com o chefe
- Relacionamentos com os colegas de trabalho
- Conflito interpessoal
- Treinamento inadequado
- Manter-se atualizado com as mudanças em tecnologia
- Falta de oportunidade

Primeiro analise a si mesmo

Jack queixou-se com Phil, seu melhor amigo. As coisas não estavam bem no trabalho. Seu chefe exigia demais dele, os colegas de trabalho não o ajudavam e não havia ninguém com quem ele pudesse contar. Ele disse: "Não sei o que fazer. Eu sairia daqui, mas o mercado de trabalho está difícil. Como devo agir?"

Phil comentou: "Jack, você me falou basicamente a mesma coisa sobre o emprego que teve antes desse. Pode ser que o problema não seja o chefe ou seus colegas de trabalho. Talvez seja você." Ele acrescentou: "Antes de culparmos os outros pelos nossos problemas, devemos, primeiro, fazer uma verdadeira análise de nós mesmos. O que estamos fazendo de errado que possa estar causando esses problemas?" Ele, então, contou a Jack como Benjamin Franklin lidava com assuntos que lhe causavam problemas.

A cada noite, depois do trabalho, Franklin revia o que havia feito ou deixado de fazer naquele dia e quais eram as causas das falhas. Ele descobriu que possuía 13 graves defeitos. Três eram particularmente perturbadores: desperdiçar tempo, perder tempo com ninharias e contradizer as pessoas. Ele percebeu que se não superasse esses maus hábitos não iria muito longe. Então, Franklin resolveu pegar um defeito de cada vez e trabalhar nele por um dia, uma semana ou o tempo necessário para eliminá-lo. Ele mantinha um registro do que havia feito em relação ao assunto naquele dia e de qual havia sido o resultado. Foram necessários dois anos para superar todos os 13 defeitos, e todos nós sabemos em que grande homem Benjamin Franklin se transformou.

Jack era uma daquelas pessoas que se tornavam deprimidas e, às vezes, agressivas com qualquer crítica, por menor que fosse. Ele teve de aprender a aceitar que a crítica não era um insulto, mas um meio de ajudá-lo a melhorar.

Walt Whitman resumiu isso de forma sucinta: "Você aprendeu lições apenas com aqueles que o admiravam, que sentiam carinho por você e que ficavam ao seu lado? Não aprendeu grandes lições com aqueles que o rejeitaram, se viraram contra você ou disputaram a passagem pelo mesmo caminho?"

Em vez de esperar que nossos inimigos nos critiquem ou ao nosso trabalho, precisamos superá-los. Vamos ser nossos mais severos críticos. Vamos descobrir e corrigir todos os nossos pontos fracos, antes de os nossos inimigos terem a chance de dizer uma palavra sequer.

Antes de a maioria dos cientistas publicarem os resultados de seus experimentos e inovações, eles os verificam novamente e os submetem a um exame minucioso e severo diversas vezes. A integridade do trabalho deles depende de autoavaliação.

Há momentos em que tomamos decisões erradas, mas, devido à nossa teimosia, rejeitamos a crítica daqueles que apontam os nossos erros e persistimos na sua execução. É preciso coragem para admitir que estamos errados e para fazer as mudanças necessárias.

Um executivo que fez isso foi Roberto Goizueta, então CEO da Coca-Cola. Quando essa famosa marca mudou sua fórmula para a "New Coke", há vários anos, a mudança só foi realizada após vários meses de estudos e testes de mercado. Apesar da enorme quantidade de trabalho e do dinheiro gasto no planejamento do produto reformulado, o público não o aceitou. Goizueta poderia ter pensado que os estudos de mercado estavam corretos e que só era preciso tempo para que os consumidores se acostumassem ao novo sabor. Ele poderia ter tentado justificar sua decisão ao apontar as estatísticas, análises e estudos "científicos" realizados. Mas não o fez. Goizueta reintroduziu imediatamente o antigo produto padrão, rebatizou-o de "Classic Coke" e transformou o que poderia ter sido uma grande catástrofe em um golpe de marketing.

A maioria das pessoas não acolhe bem as críticas e reluta em mudar uma decisão pela qual trabalhou duro. Elas podem ter a esperança de que tudo vai dar certo com o tempo. Quando criticadas, ficam na defensiva, muitas vezes antes mesmo de ouvir o que o crítico tem a dizer. Todos nós temos a tendência de ficar ressentidos com a crítica e alegres com o elogio, independentemente de a crítica ou o elogio serem justificados. Não somos criaturas lógicas, somos criaturas emotivas.

Se souber que alguém falou mal de você, não tente se defender. Seja original, humilde e aberto a novas ideias. Busque confundir as pessoas que o criticaram e ganhe aplausos para si, dizendo: "Se os meus críticos conhecessem todos os meus defeitos, teriam me criticado de forma mais severa do que fizeram."

Dale Carnegie resume como deixar de se preocupar com a crítica:

Regra 1. A crítica injusta é, muitas vezes, um elogio disfarçado. E que, frequentemente, significa que despertamos ciúme e inveja. Lembre-se que ninguém nunca chuta um cachorro morto.

Regra 2. Faça o melhor que puder e, em seguida, empunhe o seu velho guarda-chuva, impedindo que a chuva de críticas alcance seu pescoço.

Regra 3. Mantenha um registro das coisas tolas que realizou e faça uma autocrítica. Não podemos ser perfeitos; estejamos abertos para a crítica construtiva, útil e imparcial.

A avaliação de desempenho

Para muitos funcionários, a avaliação de desempenho anual ou semestral é um dos momentos mais preocupantes no trabalho. Eleanor era uma das pessoas que estavam preocupadas. Sua avaliação de desempenho anual estava agendada para o dia seguinte, e ela não aguardava com bons olhos aquela reunião com o chefe. Parecia uma criança que tem que enfrentar o diretor da escola. Ela até ficou nervosa e de fato sentiu medo.

A maioria das pessoas tem esse tipo de reação, mesmo quando sabem que estão fazendo um bom trabalho. É da natureza humana ter medo de uma reunião na qual grande parte do futuro imediato depende do quanto se pôde subir, e o futuro a longo prazo depende da opinião que o chefe tem sobre nosso potencial. E nós sabemos que, não importa o quanto o trabalho tenha sido bom, o chefe terá sempre que dizer algo negativo. E ninguém gosta de receber notícias desagradáveis.

Em vez de se preocupar com o que as pessoas dizem de você, por que não usa o seu tempo tentando realizar alguma coisa que elas admirem?

DALE CARNEGIE

Analise o próprio desempenho

Por sugestão de um coach de carreira, Eleanor planejou uma preparação sistemática para sua avaliação. Para isso, ela solicitou uma cópia em branco do formulário de avaliação e, informalmente, avaliou o próprio desempenho, de modo que fosse capaz de pensar de forma sistemática sobre ele, passo a passo, como seu chefe faria. Quando ela se sentar com o supervisor, será capaz de antecipar o que é provável que ele diga sobre cada item e de fazer seus próprios comentários.

Faça uma lista de realizações

A empresa de Eleanor usa uma folha de pontuação na qual o supervisor classifica os funcionários de acordo com uma série de fatores e faz comentários específicos sobre os itens. Eleanor classificou cada item, de modo que pudesse estar preparada para discutir as diferenças entre a classificação feita por ela e a feita pelo chefe. Como apoio, caso sentisse que seu chefe não a havia classificado de forma justa, ela fez uma lista com as suas principais realizações durante o ano anterior. Incluiu todas as tarefas que realizara e que haviam contribuído para o sucesso do departamento: foram adicionadas sugestões que ela propôs e que aceleraram o fluxo de um processo, aquele trabalho extra realizado para permitir que o departamento cumprisse um prazo muito apertado, o treinamento especial dado a um novo funcionário, agindo como mentor dele e, assim, tornando-o rapidamente mais produtivo. Ela fez uma lista com o crescimento significativo de cotas em um determinado trabalho, a recomendação de um programa novo que ela fez e que acelerou bastante o envio de propostas e, por último, o fato de nunca ter se ausentado ou se atrasado o ano todo.

Considere suas deficiências

Não somos perfeitos. Nós provavelmente fizemos coisas que não deram certo e há áreas em que sabemos que podemos melhorar. O supervisor provavelmente abordará isso na avaliação. Pense sobre elas e, em vez de encontrar desculpas, esteja preparado para sugerir maneiras de superá-las.

Eleanor lembrou que seu supervisor a repreendera há alguns meses, porque ela havia interpretado mal uma instrução e teve de refazer um trabalho inteiro. Ela ficara muito chateada na época, pois entendia que não era culpa dela. As instruções apenas não foram claras. Embora isso fosse verdade, Eleanor percebeu que precisava arcar com parte da culpa, porque não tinha feito um esforço para esclarecer as áreas ambíguas. Ela se preparou para discutir isso, caso fosse abordado na avaliação, não para jogar a culpa sobre o supervisor, mas para dizer que planejava usar técnicas melhores de feedback quando recebesse instruções.

Ela também estava preocupada com a paixão de seu chefe por informática. Ele achava que todos os problemas poderiam ser resolvidos com algum tipo de comando no computador, e Eleanor não era tão conhecedora de alguns dos programas mais sofisticados. Ela sabia que surgiria na avaliação, de modo que preparou o que iria dizer sobre os cursos que estava frequentando para obter esse conhecimento.

O que fazer na discussão da avaliação

Lembre-se que a discussão da avaliação é uma entrevista entre você e o supervisor. Não é o chefe lhe dizendo: "Isso é o que você fez bem, isso é o que você não fez bem." É uma interação de duas vias. É verdade que você será mais um receptor do que um emissor nessa interação, mas os seus comentários são importantes.

Ouça atentamente. Não interrompa, a não ser para fazer perguntas esclarecedoras. Se o que o supervisor está dizendo não for claro, repita o que ele acabou de dizer ("Se bem entendi, você quer dizer...?") ou faça uma pergunta específica sobre a declaração dele.

Sob nenhuma circunstância você deve discordar ou tentar refutar um ponto de vista. Deixe o supervisor terminar os comentários antes de falar qualquer coisa.

Seja construtivo. É claro que, se você concorda plenamente com a avaliação, agradeça ao supervisor. Entretanto, se não concorda, eis a chance de contestar. Se você preparou cuidadosamente uma lista com suas realizações e está ciente de suas deficiências, então está pronto para fazer suas observações.

Comece agradecendo o supervisor pelo apoio ao longo do ano e, em seguida, diga: "Entendo tudo o que você acabou de dizer e aprecio sua franqueza, mas há certas realizações das quais sou particularmente orgulhoso e pelas quais você me elogiou na ocasião, que você pode não ter levado em consideração." Em seguida, enumere esses itens. Em caso de deficiências serem apontadas, não arranje desculpas para elas. Em vez disso, diga o que está fazendo para superá-las. Sugira que, antes de a avaliação ser encerrada, essas questões sejam consideradas.

Defina metas para o futuro

Em algumas empresas, a definição de metas é uma parte significativa no processo de avaliação de desempenho. Se na avaliação do ano anterior você havia estabelecido metas para este ano, discuta a relação entre a definição e o alcance dessas metas. Se durante o ano elas mudaram, esclareça as circunstâncias. Discuta quais são as suas metas para o ano seguinte. Essas podem vir em forma de objetivos relacionados a um trabalho específico, como aumento da produção ou desenvolvimento de novos projetos, ou metas pessoais relacionadas a negócios, tais como aprender um novo idioma, um programa de computador ou o ingresso em uma faculdade ou pós-graduação.

Uma vez obtido o acordo do chefe em relação aos objetivos definidos, comprometa-se a realizá-los. Se for o caso, solicite que o supervisor o apoie. Muitas empresas incentivam os funcionários a definir e trabalhar com metas bem acima do trabalho normal de rotina. Isso pode levar a uma qualidade melhor de desempenho e progresso na empresa. Eleanor reiterou seu interesse em aprender mais sobre aplicativos de computador e sugeriu que estaria interessada na política de reembolso de matrícula para esses cursos.

Não tenha medo da avaliação de desempenho. Pode ser uma experiência benéfica e valiosa. Pode deixá-la ainda mais valiosa para si mesmo entrando na entrevista totalmente preparado para lidar com isso de uma maneira construtiva e profissional.

Previna a fadiga e a preocupação no trabalho

Se exercemos uma função que requer esforço físico, nosso corpo nos avisa quando estamos cansados. Podemos fazer uma pausa e descansar um pouco antes de continuar com a tarefa. Hoje, muitos trabalhos não são exaustivos fisicamente; no entanto, eles exigem atividade mental, fazendo com que nosso corpo não sinalize a fadiga. Em vez disso, os processos que exigem raciocínio podem ficar lentos e o desempenho pode sofrer um declínio. Temos de aprender a adotar alguns passos para nos prepararmos. Algumas sugestões:

Descanse antes de ficar cansado.
Agnes era uma daquelas gerentes que pressionavam seus subordinados para trabalhar, trabalhar, trabalhar. Ela achava que o intervalo de 15 minutos para o café da manhã, o período de almoço de uma hora e o intervalo de dez minutos à tarde eram perda de tempo e, então, diminuiu o intervalo do café da manhã de 15 para dez minutos, o período de almoço de uma hora para meia hora e eliminou o intervalo da tarde. O resultado: a

produtividade caiu. Os intervalos, na verdade, revigoravam os funcionários e permitia que produzissem mais durante o tempo de trabalho.

Aprenda a relaxar no trabalho.
É verdade que há alguns trabalhos em que 100% de vigilância é essencial. Um controlador de tráfego aéreo, por exemplo, não pode relaxar por um segundo enquanto estiver guiando os aviões para aterrissagem ou decolagem do aeroporto. É por isso que períodos de descanso frequentes são essenciais para eles. No entanto, na maioria dos empregos, as pessoas podem parar e relaxar de vez em quando para aliviar a tensão. Alguns poucos minutos de exercícios de relaxamento ou meditação, na própria mesa de trabalho, produzem melhor desempenho e menos preocupação com o serviço.

Aplique estes quatro bons hábitos para prevenir a fadiga e a preocupação no trabalho:
1. Retire da mesa todos os papéis, exceto os relativos a um problema imediato. Quando o consultor de gestão olhou para a mesa de Max, ficou imaginando se seria possível fazer alguma coisa ali. Não apenas a mesa, mas também o chão em volta dela estava coberto de papéis, pastas e folhas impressas. Não é de admirar que Max estivesse sempre atrasado com seu trabalho e não conseguia dormir à noite, porque ficava preocupado em dar continuidade às suas obrigações.

O consultor sugeriu que Max se encontrasse com ele naquele final de semana para, juntos, examinarem cada um dos itens que estavam sobre sua mesa e no chão. Eles dividiram todos os papéis em quatro categorias: tomar alguma providência, delegar a outros, arquivar, jogar fora. Demoraram várias horas, mas, ao concluírem, a mesa e o chão estavam limpos.

2. O próximo passo foi transferir essa abordagem para as atividades diárias de Max. Daquele ponto em diante, Max manteve sua mesa livre de todos os papéis com os quais não estava trabalhando no momento. Ele aprendeu a priorizar o trabalho dos documentos que chegavam, através da distribuição de cada um deles em uma das quatro categorias, a partir de uma primeira leitura.

No início do século XX, Ivy Lee, pioneiro em consultoria de gestão, fez uma visita a Charles Schwab, então presidente da empresa siderúrgica U.S. Steel. Lee disse a Schwab que ele poderia ajudar a U.S. Steel a se tornar mais eficaz. Quando Schwab expressou ceticismo, Lee falou: "Vou lhe dar uma sugestão hoje, e quero que você a coloque em execução por um mês. Ao final desse tempo, nós nos encontraremos de novo, e você pode me pagar o quanto achar que a ideia valeu para você. Se ela não tiver valor algum, você não me deve nada."

Schwab aceitou o desafio e seguiu a sugestão de Lee. Quando eles se reencontraram, Schwab entregou a Lee um cheque de 25 mil dólares e disse: "Esse foi o melhor conselho que eu já recebi. Funcionou tão bem para mim que passei para todos os meus gerentes subordinados."

Então, qual foi o conselho de Lee? *Priorize.*

Quando priorizamos, quando damos prioridade às coisas que vêm primeiro, determinamos o grau de importância que um assunto possui no cumprimento de nossos objetivos. Deixe suas prioridades ditarem como completar as tarefas em questão.

Toda manhã, quando for trabalhar (ou toda noite, antes de ir para casa), faça uma lista de todas as coisas que você quer realizar naquele dia ou no dia seguinte, e coloque-as em ordem de prioridade. Em seguida, trabalhe no primeiro item, e não passe para o próximo até que tenha feito tudo o que pode em relação àquele primeiro. Você será interrompido, é claro, pois nenhum trabalho é livre disso. Então, resolva o problema que causou a interrupção e, em seguida, retorne ao que estava fazendo. Não deixe que nenhuma quebra de continuidade faça com que você esqueça da sua prioridade.

Provavelmente, não teremos completado todos os itens da lista ao final do dia. Porém, as tarefas importantes terão sido executadas. Pegue as tarefas restantes e adicione-as às novas, que se desenvolveram, compilando outra lista de prioridades para o dia seguinte. Ao final do mês, podemos notar que certos itens permanecem na lista, dia após dia. Este é um sinal de que eles não eram importantes o suficiente para serem feitos.

Algumas sugestões específicas sobre as técnicas de priorização serão discutidas no Capítulo 8.

3. Caso tenha as ferramentas necessárias para tomar uma decisão ao se deparar com um problema, tome-a no mesmo momento. Muitas horas são desperdiçadas em reuniões ou conferências, onde um problema é discutido, rediscutido e discutido mais uma vez e, então, agendado para uma futura reunião.

No planejamento de uma reunião, tenha certeza de que todos os participantes possuem todas as informações necessárias sobre os problemas que serão discutidos; atenha-se aos fatos ao discuti-los e chegue a uma decisão antes de abordar outro problema. É claro que haverá ocasiões em que podem ser necessários mais dados, antes de a melhor solução ser alcançada, mas, com uma preparação adequada, tais situações podem ser minimizadas.

4. Aprenda a organizar-se, substituir e delegar. Não podemos fazer tudo sozinhos. Gerentes eficazes desenvolvem equipes de subordinados que são bem versados em suas funções e competentes na tomada de decisões. Devemos ter confiança suficiente em nossos funcionários para capacitá-los a desempenhar suas funções sem nosso microgerenciamento.

A nossa exaustão geralmente é causada não pelo trabalho, mas pela preocupação, pela frustração e pelo ressentimento.

DALE CARNEGIE

Conflitos no trabalho

Outra grande fonte de preocupação que muitas pessoas possuem em seus trabalhos são problemas de relacionamento com os colegas de trabalho. Ser capaz de lidar com o conflito de um modo produtivo é frequentemente mencionado como uma das habilidades mais desafiadoras para as pessoas.

A maior parte dos conflitos internos está relacionada a uma ou mais das variáveis a seguir:

Processo: como uma empresa opera no dia a dia.

Funções: quem faz o quê na empresa.

Interpessoal: como os funcionários internos se inter-relacionam.

Instrução: é a maneira como a empresa procede em relação a seu SOP (Procedimento Operacional Padrão).

Considerações externas: tais como o tempo e o dinheiro, que podem exercer uma influência indevida sobre a empresa.

Vamos analisar esses fatores:

Processo. Toda empresa tem seu próprio protocolo para relações interpessoais. Em muitas delas, os empregados podem lidar com os membros de suas próprias equipes de uma maneira informal, mas, quando interagem com pessoas de outro grupo ou departamento, devem lidar de maneira mais sistemática — através de canais específicos de comunicação. No caso de surgirem conflitos entre os membros de uma mesma equipe, o supervisor deve resolvê-los. Se o conflito for com membros de outros grupos, é necessário que seja utilizado um sistema de resolução mais complexo.

Funções. Muitos conflitos surgem quando achamos que nos deram tarefas que deveriam ter sido passadas a outro profissional, ou quando um projeto que esperávamos ser nosso é entregue a outra pessoa. Tais conflitos podem ser evitados através da descrição de funções bem-estruturadas e compreendidas.

Interpessoal. Um grupo ou uma equipe organizacional é composta por indivíduos — cada um com sua própria personalidade, talentos, peculiaridades e hábitos de trabalho. Frequentemente, membros de um grupo podem discordar do modo como fazer um trabalho ou, pior, ter divergências pessoais. Uma das maiores causas de preocupação resulta de tais situações. Por exemplo, Amy e sua companheira de equipe, Susie, estavam constantemente em desacordo. Susie era uma daquelas pessoas dominadoras, que sempre achava ter razão, e elas discutiam bastante, não apenas sobre o trabalho, mas também sobre assuntos pessoais. Susie parecia prosperar nesse ambiente, mas Amy perdia o sono por causa disso, a cada dia temia ir trabalhar, e isso começou a afetar sua saúde.

Connie, líder da equipe, reconheceu isso como um problema para o grupo e consultou o diretor de recursos humanos a respeito do caso. Ela transferiu Amy para outra equipe e a substituiu por uma mulher com uma personalidade mais forte, capaz de lidar de igual para igual com Susie.

Instruções. A maioria das grandes empresas possui manuais, nos quais são especificados métodos sistematizados para lidar com assuntos rotineiros. Esses Procedimentos Operacionais Padrão (SOPs) constituem-se como um guia para os trabalhadores e supervisores, de modo que não seja necessário tomar e retomar decisões nas atividades do dia a dia. Se as instruções forem claras e de fácil compreensão, muitos dos conflitos podem ser evitados. A responsabilidade do gerente é assegurar que seu pessoal siga os SOPs e lide com os aspectos que surgem no trabalho e que não são cobertos pelos SOPs.

Considerações externas. As empresas não funcionam em um vácuo. Independentemente do quanto possam ser organizadas, é possível que se desenvolvam fatores externos, que geram conflitos e precisam ser resolvidos. Alguns dos fatores externos que podem resultar em conflitos incluem grandes mudanças em tecnologia, recessões econômicas, disputas com sindicatos, nova legislação ou ações do governo que afetam a empresa.

Estratégias para redução de conflitos

No trabalho, podemos ter conflitos com colegas. Caso isso aconteça, aqui estão algumas sugestões que vão ajudá-lo:

- Tente ver as coisas através dos olhos dos colegas. Como eles veem a questão? Quais são as diferenças em relação ao seu ponto de vista?
- Use mensagens com "eu" e "nós", em vez de mensagens com "você".
- Se houver uma diferença nos valores, siga sempre o valor mais alto.
- Faça comentários verdadeiros.
- Pergunte a si mesmo: "Quanto controle eu tenho sobre este fator?"
- Escolha lutar as batalhas que valham a pena.
- Coloque energia em coisas que você "pode fazer", em vez de reclamar sobre o que você "não pode fazer".
- Faça algo bom para os outros.
- Mantenha perspectiva e um propósito.
- Converse com alguém em quem confia.

Se somos supervisores ou gerentes e ocorrem conflitos em nossos departamentos, nossa função é resolvê-los. Aqui estão algumas sugestões:

- Pergunte a si mesmo quanto controle você tem sobre a questão. Identifique a razão do problema e analise as oportunidades de melhorá-lo.
- Obtenha todas as informações que puder sobre o problema. Esclareça-o. Converse com o pessoal envolvido.

Geralmente os antagonistas veem a natureza exata do problema de forma diferente.

- Solicite que os participantes deem sugestões que possam resolver o problema. Trabalhe com eles para chegar a um consenso que satisfaça a ambos.
- Caso as partes envolvidas no problema não consigam chegar a um acordo, sugira uma solução viável e um plano de ação. Defina um cronograma para cada etapa da solução proposta e verifique o progresso da mesma.
- Uma vez liquidado o problema, é uma boa ideia fazer um feedback, analisando como este foi tratado. Determine o grau de eficácia em sua participação no procedimento, comparando-se com o dos outros envolvidos nesta questão. Pergunte a si mesmo:

- Eu assumi a responsabilidade de esclarecer o meu papel com os outros envolvidos?
- Como resultado dessa experiência, estou preparado para mudar a minha percepção em relação ao meu papel na resolução de futuros conflitos?
- Os meus funcionários reconhecem e aceitam a minha disposição em ser flexível para alcançar os objetivos da empresa?
- Quanto as visões e os preconceitos pessoais afetam as minhas ações e a minha decisão?
- Quais comportamentos eu poderia mudar de modo a reduzir conflitos futuros em meu departamento? (Comprometa-se a dar prosseguimento a essas mudanças por pelo menos três meses.)

> Ocupe-se. Mantenha-se ocupado. Este é o tipo mais barato de medicina que existe na face da Terra, e um dos melhores.
>
> DALE CARNEGIE

Medo de perder o emprego

O medo de perder o emprego é, provavelmente, a causa mais séria a gerar preocupação. Não há garantia de que qualquer emprego seja seguro. Mesmo as melhores e mais fiéis pessoas podem perder seus empregos quando as condições econômicas pioram.

A menos que a empresa esteja fechando as portas definitivamente, ela deve manter um número significativo de trabalhadores para sobreviver. Pedidos ainda estão chegando e têm de ser processados. Os clientes não desaparecem de uma vez. O que podemos fazer para estar entre os empregados que são mantidos, enquanto outros são demitidos? As chances de sobrevivência podem ser reforçadas se adotarmos alguns dos passos a seguir para nos destacarmos como um empregado valioso.

Seja bom no que você faz

O primeiro requisito é a eficiência. Isso é fundamental para todas as outras sugestões. A menos que você execute muito bem o seu trabalho, todos os planos que venha a fazer para sobreviver lá vão desmoronar. Você deve aprender tudo o que puder sobre sua função, as outras funções em seu departamento e os objetivos que a empresa espera que você cumpra. Mas isso é apenas o começo. Você precisa fazer mais do que apenas realizar bem o seu trabalho. Dê sugestões sobre como ele pode ser otimizado. Acima de tudo, é necessário definir padrões elevados para si mesmo e para as pessoas que você supervisiona, e trabalhar para que eles sejam cumpridos.

Acompanhe a tecnologia

No mundo dinâmico em que vivemos, as coisas estão em constante mudança. Isso é óbvio em qualquer âmbito profissional, porém, todas as pessoas, e não apenas aquelas no trabalho técnico tradicional, devem acompanhar a tecnologia de ponta em seus campos. Por exemplo, Diane, uma supervisora de escritório, assina várias revistas que tratam de administração de escritório e costuma visitar feiras de negócios. Como resultado, conseguiu que sua empresa estivesse entre as primeiras a tirar proveito de alguns dos novos sistemas e equipamentos disponíveis, incluindo uma revisão completa de seus equipamentos de comunicação. Quando a empresa uniu vários departamentos, muitos supervisores foram demitidos, mas não houve dúvida em relação à permanência de Diane.

Expanda o trabalho.
Kevin, um dos vários coordenadores de vendas de uma empresa, era responsável pelo acompanhamento do produto desde o

momento em que uma venda era realizada até a mercadoria ser entregue. Caso os clientes tivessem problemas com o produto após o recebimento, eles tinham que acionar o departamento de serviço ao cliente, que muitas vezes recorria a Kevin, para obtenção das informações necessárias. Kevin desenvolveu um sistema para consolidar esse processo. Isso resultou em mais trabalho para ele, mas aumentou seu valor para a empresa.

Seja visível.
Muitos bons trabalhadores não são conhecidos por ninguém na empresa além de seu chefe imediato. Quando o departamento de Tracey foi fundido com outro, seu supervisor foi transferido. A fim de determinar quem seria mantido da equipe, o novo supervisor se informou sobre cada membro do departamento absorvido com os gerentes seniores na empresa. Nenhum deles de fato conhecia Tracey e, portanto, apesar de seu bom trabalho, ela foi demitida.

Para se tornar visível, é preciso ter certeza de que outros gerentes, além de seu chefe imediato, conhecem você. Uma das maneiras de tornar-se visível é falar com clareza em reuniões. Muitas pessoas permanecem invisíveis porque são reticentes em participar ativamente de reuniões e mantêm suas ideias guardadas. Outra maneira é voluntariar-se para tarefas que lhe permitam encontrar outros executivos, tais como projetos que envolvem interação entre os vários departamentos.

Aja de forma positiva.
Quando Shirley soube que sua empresa estava planejando demitir funcionários, ela se tornou totalmente negativa. Presumiu

que seria dispensada, e esse pensamento negativo se refletiu no trabalho. Sua atitude foi: "Para que correr com esse trabalho? Vou sair daqui em breve." Ela reduziu a velocidade, cometeu mais erros, criticou tudo que seu supervisor sugeria e, psicologicamente, "ela própria se demitiu" em antecipação à demissão.

Sua colega, Vicki, foi mais positiva. Ela pensou: "Sou boa no meu trabalho e, então, provavelmente serei mantida." Trabalhou com mais afinco e de forma mais eficaz. Quando era necessário realizar um trabalho especial, ela não hesitava em fazê-lo. Continuou a contribuir com o mesmo esforço, energia e comprometimento para o seu emprego, como sempre fez. Houve pouca dúvida entre os gerentes em relação a quais dessas pessoas manter.

Seja flexível.
Elliot gerenciou uma loja por dois anos e tinha orgulho de dizer a todos que ele era o gerente. Infelizmente, devido a condições econômicas, a empresa achou necessário fechar a filial em que ele trabalhava. Foi oferecido a Elliot uma posição como assistente de gerente de outra loja. "Como eu posso ter uma redução de cargo?", pensou. "Como vou dizer aos meus amigos que não sou mais gerente? Talvez eu devesse procurar um emprego de mesma posição em outra rede."

Depois de uma reflexão cuidadosa, Elliot percebeu que era respeitado e apreciado pela empresa atual e que, ao ser flexível, poderia sobreviver ao contratempo temporário até que pudesse dar continuidade ao plano de carreira oferecido pela companhia.

Assumir um trabalho diferente do que possuía ou ser transferido para outro local pode significar algum inconveniente ou mesmo uma redução de renda, mas é melhor do que não ter emprego ou mudar para outra empresa, onde somos desconhecidos e temos de começar do zero.

Prepare-se para procurar outro emprego, se necessário.
Pois há momentos em que não importa o que seja feito, não se pode evitar a perda de um emprego. Você deve estar preparado para tomar providências e obter um novo emprego. Deve preparar um currículo que enfatize as suas realizações em seus trabalhos anteriores e no atual. Deve rever os contatos que fez ao longo de sua carreira para desenvolver uma rede de contatos que possa conduzi-lo a outras possibilidades.

Não há razão para se sentir culpado, inadequado ou envergonhado em caso de perda do emprego devido às decisões do seu empregador para reduzir ou reorganizar pessoal, mudar a empresa para um local distante ou sair do ramo. Você deve fazer o seu melhor para minimizar esse risco, mas muitas vezes isso está além do seu controle. Preocupar-se não levará ninguém a outro emprego. Em vez disso, converta a energia que você usa para se preocupar em ação buscando um novo trabalho.

PONTOS IMPORTANTES

- Seja o mais severo dos seus críticos. Descubra e solucione todos os seus pontos fracos antes de os seus adversários terem chance de dizer uma palavra.
- Não deixe que a crítica proveniente de outras pessoas o preocupe. A crítica injusta é, muitas vezes, um elogio disfarçado. E, frequentemente, significa que você desperta ciúme e inveja. Faça o melhor que puder e, em

seguida, empunhe o velho guarda-chuva, impedindo que a chuva de críticas alcance o seu pescoço.

- Já que ninguém é perfeito, esteja aberto para a crítica construtiva, útil e imparcial.
- Prepare-se para uma avaliação de desempenho formal: classifique o seu próprio desempenho de forma objetiva, faça uma lista de suas realizações e ofereça sugestões sobre as medidas que planeja adotar para melhorar.
- Reduza a fadiga oriunda das tarefas diárias:
  - Adote pausas de descanso periódicas.
  - Relaxe quando as tensões começam a se desenvolver.
  - Mantenha a mesa livre de papéis irrelevantes.
  - Priorize.
  - Solucione um problema antes de se dedicar a outro.
  - Organize, substitua, delegue.
- No trabalho, podemos ter conflitos com colegas. Aqui estão algumas sugestões que vão ajudá-lo, quando se deparar com esses conflitos:
  - Tente ver as coisas da perspectiva dos seus colegas.
  - Use mensagens com "eu" e "nós", em vez de mensagens com "você".
  - Se houver uma diferença nos valores, sempre siga o valor mais alto.
  - Faça comentários autênticos.
  - Escolha lutar as batalhas que valham a pena.
  - Coloque energia em coisas que você "pode fazer", em vez de reclamar sobre o que você "não pode fazer".
- Quando confrontado com a possível perda do emprego, adote medidas positivas para melhorar as chances de ser mantido.

CAPÍTULO 4

Desenvolva uma atitude mental positiva

O Livro de Provérbios na Bíblia proclama: "Como um homem pensa em seu coração, assim ele é." James Allen, escritor e filósofo norte-americano do século XIX, salientou que esse ditado se estende a todas as condições e circunstâncias do esforço humano. Cada um de nós é, literalmente, o que pensa, e o nosso caráter é a soma completa de todos os nossos pensamentos.

Allen escreveu em seu livro *O homem é aquilo que ele pensa*:

Nós somos o que pensamos ser. Se a nossa mente tem maus pensamentos, vamos sofrer. Se os nossos pensamentos são puros, a alegria nos acompanhará.

Causa e efeito são tão absolutos e indesviáveis no reino oculto do pensamento quanto no mundo das coisas visíveis e materiais. O nosso bom caráter não é um artifício, mas o resultado natural do esforço contínuo e do pensamento correto. Um caráter ignóbil e bestial, pelo mesmo processo, é o resultado de um contínuo acolhimento de pensamentos vis.

Somos feitos ou desfeitos por nós mesmos. Através dos nossos pensamentos, forjamos as armas com as quais podemos nos destruir. Da mesma forma, podemos também criar as ferramentas com as quais construímos para nós mansões de alegria, força e paz.

Através da escolha certa e da aplicação correta do pensamento, nós obtemos sucesso, aprovação e felicidade. Através do abuso e da aplicação incorreta do pensamento, nós nos tornamos criaturas desprezíveis e infelizes. Entre esses dois extremos estão todos os tipos de caráter. Somos o nosso próprio criador e mestre.

A batalha da vida é, na maioria dos casos, travada morro acima. Se não houvesse dificuldades, não haveria sucesso. Se não houvesse nada pelo que lutar, não haveria nada a ser alcançado. As dificuldades podem intimidar os fracos, mas elas agem apenas como um estímulo saudável para pessoas de resolução e valor. Todo o caminho do progresso humano pode, em grande parte, ser superado por conduta boa e firme, zelo honesto, atividade, perseverança e, acima de tudo, por uma resolução determinada para superar as dificuldades e levantar-se bravamente contra o infortúnio.

O caminho para o sucesso pode ser íngreme e coloca à prova a energia daqueles que gostariam de chegar ao cume. Porém, através da experiência, logo aprendemos que os obstáculos devem ser superados e enfrentados e que a ajuda mais eficaz para a realização do objetivo proposto é a convicção moral de que podemos e vamos cumpri-lo. Deste modo, as dificuldades geralmente se esvaem antes da determinação de superá-las.

É impossível saber o que podemos fazer até que tentemos. Entretanto, a maioria de nós não tenta dar o melhor de si até que seja forçada a isso.

Jamais seremos derrotados enquanto não pensarmos que o trabalho é impossível.

DALE CARNEGIE

Tome atitude

Algumas pessoas possuem tão pouca confiança em si que têm medo até de tentar alcançar quaisquer dos seus objetivos, mesmo os mais limitados. Muitas têm talentos e habilidades que não estão sendo 100% usados, porque não acreditam que sejam capazes de enfrentar os desafios, em seus trabalhos e em suas vidas, que vão impulsioná-las para uma vida melhor.

As pessoas com autoestima elevada acreditam ser mais propensas a ter sucesso na maioria das coisas que fazem. Elas respeitam a si mesmas e sabem que os outros a respeitam também. Isso não significa que sejam sempre otimistas sobre tudo, alegres e sorridentes. Todos nós temos dias ruins e momentos em que tudo parece dar errado. Aqueles com autoestima elevada conseguem aceitar isso e não se deixam abater.

Infelizmente, diversas pessoas têm uma opinião muito modesta e grandes dúvidas sobre as próprias capacidades. Elas se consideram um fracasso e, quando são bem-sucedidas, veem isso como um golpe de sorte. Dale Carnegie ensinava em seus cursos que cada um de nós tem que acreditar que é capaz de fazer uma coisa antes de executá-la. Se duvidarmos de nossas capacidades, poderemos fazer muito pouco. Se nosso propósito tem o apoio da fé e de uma ambição elevada, não vamos encontrar conforto, descanso ou satisfação até alcançarmos nosso objetivo.

A chave para alcançar o sucesso começa com a crença em nós mesmos. As pessoas com autoestima elevada acreditam ser as mais propensas a ter sucesso na maior parte das coisas que fazem. Elas respeitam a si mesmas e sabem que também os outros as respeitam.

Homens e mulheres bem-sucedidos não nasceram com o sucesso implantado em seus genes. As histórias das grandes personalidades frequentemente mostram como, antes de alcançarem os seus objetivos, elas tiveram de superar a pobreza, a depressão e o que pareciam ser enormes adversidades. Para conseguir isso, transformaram sua autoimagem negativa em positiva. Em seguida, através da determinação, da dedicação e do trabalho árduo, começaram a viver o sucesso para o qual haviam desenvolvido um roteiro.

Todos nós podemos dar esse passo. É preciso dedicação e um esforço imenso, mas, se você quiser sair do fundo do poço, você consegue. Na verdade, *precisa* fazer isso. Veja alguns passos a seguir:

Ame a si mesmo.
Se você não se respeitar, não pode esperar que os outros o amem e o respeitem.

Confie em si mesmo.
Não hesite em tomar decisões sobre sua vida. Ao estabelecer objetivos e ter confiança de que será bem-sucedido, não tenha medo de tomar decisões que vão ajudá-lo a alcançar esses objetivos.

Enfatize o positivo.
É claro que pode haver alguns fracassos ao longo do caminho, mas não perca tempo com eles. Concentre-se nas realizações do dia a dia e o seu desejo de sucesso será reforçado.

A autoestima é perecível.
Ela deve ser constantemente nutrida e reforçada; a autoestima é alimentada por palavras, atos, atitudes, experiências e pelo seu próprio comprometimento de mantê-la.

Você deve exigir bastante de si mesmo.
Quando se alcança um objetivo, não é o momento de se tornar complacente. Use pequenos sucessos como incentivo para buscar conquistas ainda maiores.

Inspire-se em pessoas bem-sucedidas.
Leia as biografias de grandes homens e mulheres, aprenda com a experiência e a dedicação deles, buscando inspiração. Procure heróis contemporâneos e siga seus passos.

Mantenha pensamentos positivos.
Torne um hábito substituir palavras negativas em sua mente por palavras positivas. Em vez de palavras de desespero, palavras de esperança; em vez de palavras de fracasso, pa-

lavras de sucesso; em vez de palavras de derrota, palavras de vitória; em vez de palavras de preocupação, palavras de estímulo; em vez de palavras de apatia, palavras de entusiasmo; em vez de palavras de ódio, palavras de amor, palavras de autoestima.

Vamos preencher as nossas mentes com pensamentos de paz, coragem, saúde e esperança, pois a nossa vida é o que os nossos pensamentos fazem dela.

DALE CARNEGIE

Sua força está dentro de você

Uma das coisas mais tristes na vida é ver homens e mulheres que perdem a ambição quando são derrubados por uma adversidade. Esses homens e mulheres começaram com perspectivas brilhantes, mas perderam a esperança, permitindo que seus ideais se tornassem fracos e nebulosos, que seus padrões decaíssem, as ambições perdessem a firmeza, o fogo de sua energia se reduzisse a cinzas e o entusiasmo esfriasse.

Não existe qualidade que requeira mais observação, vigilância e cultivo do que a ambição. Ela não vai viver e continuar crescendo se não for alimentada, e a partir do momento em que começamos a desconsiderá-la, descemos ladeira abaixo. A energia se dissipa, a aparência pessoal, a conduta e o modo de falar se deterioram gradualmente. Nós nos tornamos desmazelados no modo de vestir, desleixados na maneira de ser e no trabalho, até que, por fim, perdemos todo o orgulho e deslizamos rapidamente para o fundo do poço.

Se a ambição não é mantida completamente viva, se é espasmódica, se tende a perder a firmeza, especialmente por causa do desânimo, devemos construí-la e fortalecê-la de todas as maneiras possíveis. A única maneira de subir é manter os olhos fixos em nossa estrela. Devemos visualizar aquilo que queremos ser, manter de forma obstinada essa visualização em nossa mente e trabalhar para isso com todas as forças.

A cada dia, temos de fazer um trabalho melhor do que antes. Devemos nos comportar como se estivéssemos marchando rumo à vitória, dando a todos a impressão de que somos ambiciosos e que estamos prestes a obter sucesso absoluto. O padrão de sucesso físico, mental e moral precisa ser mantido. Esteja atento ao menor indício de deterioração ou queda dos padrões, a qualquer depreciação ou rebaixamento de nós mesmos. Ao insistir em viver sempre em direção a um ideal elevado, nossa ambição nunca vai decair.

Tome medidas

Uma vez determinado que não vamos deixar a adversidade ou o fracasso dominar nossas vidas, é preciso decidir o que deve ser feito de imediato para nos levantarmos e sairmos da crise. E, então, começar de uma vez a agir!

Se não começarmos a trabalhar no nosso plano ou projeto, mesmo tendo a mais forte determinação e a resolução mais vigorosa para realizá-lo, a mera ambição de fazer não nos fortalece nem um pouco. De fato, planejar e querer fazer, sem executar na prática, nos enfraquece, independentemente do tamanho dos planos. Podemos estar em uma academia de ginástica, olhando para todos aqueles aparelhos, mas, enquanto vivermos, nunca ficaremos um milímetro mais forte. A polia, os pesos, os halteres e as barras paralelas desenvolvem o nosso sistema muscular apenas quando nos exercitamos neles e com eles. É a execução de um projeto, na prática, que desenvolve o músculo do caráter, fortalece a nossa resolução e escora a nossa ambição.

Tente novamente

É normal que uma grande decepção, seja nos negócios ou em outros aspectos da vida, faça nosso moral despencar ou desfira um duro golpe em nossa autoconfiança. A menos que tomemos alguma providência imediata, isso pode se transformar em autopiedade, fracasso e infelicidade.

Há um velho ditado que diz que, ao cairmos de um cavalo, devemos subir imediatamente nele, pois, de outra forma, o medo de andar a cavalo vai crescer até fazer com que tenhamos para sempre desconfiança de cavalos.

Não deixe que os seus inimigos tenham poder sobre você

Clyde era uma daquelas pessoas que viviam constantemente irritadas com insultos, desfeitas ou desrespeito dos outros, fossem eles reais ou imaginários. Ele gastava uma quantidade desproporcional de seu tempo e energia buscando maneiras de se vingar.

Quando deixamos que esse ódio pelos "inimigos" domine nosso raciocínio, estamos lhes dando poder sobre nós. Isso nos mantém acordados à noite, estraga nosso apetite e aumenta nossa pressão arterial. O ódio que sentimos não os atinge, mas torna os dias e as noites um tormento. Quando nos concentramos em vingança, prejudicamos a nós mesmos mais do que a outra parte. Os nossos inimigos pulariam de alegria se soubessem que o ódio que sentimos por eles nos exaure, fazendo com que fiquemos cansados e nervosos, arruinando a saúde e, provavelmente, encurtando a vida.

Podemos não ser cheios de virtude suficiente para amar os nossos inimigos, mas, pelo bem da saúde e da felicidade, vamos pelo menos perdoá-los e esquecê-los.

Nunca tentemos nos vingar de nossos inimigos, pois, fazendo isso, vamos prejudicar mais a nós do que a eles.

DALE CARNEGIE

Se a vida lhe der um limão, faça uma limonada

Sam era uma daquelas pessoas que desistem facilmente quando as coisas não dão certo. Ele espera pelo fracasso e, quando este acontece, encolhe os ombros e diz: "Fui derrotado, é o destino. Isso acontece o tempo todo. A vida me deu outro limão." Bem, o fracasso é azedo como um limão, mas, quando se entrega um limão a pensadores positivos, eles dizem: "O que posso aprender com isso? Como posso melhorar a minha situação? Como transformar esse limão em limonada?"

Dale Carnegie conta a história de um fazendeiro, na Flórida, que transformou o limão azedo em limonada. Quando comprou sua fazenda, ele estava desanimado. A terra era tão miserável que ele não podia cultivar frutas nem criar porcos. Nada prosperava lá, apenas carvalhos e cascavéis. Então, ele teve uma ideia. Transformaria seu passivo em ativo; tiraria o máximo proveito daquelas cascavéis. Para surpresa de todos, ele começou a enlatar carne de cascavel. Além disso, as peles de cascavel começaram a ser vendidas para a produção de sapatos e bolsas. O veneno das presas das cascavéis era enviado para laboratórios para fazer soro antiofídico. Seu negócio prosperou. Milhares de turistas visitavam a fazenda. Seu pensamento positivo criou uma indústria. Ele transformou um limão azedo em uma doce limonada.

A história está repleta de homens e mulheres que superaram deficiências físicas e mentais para se tornarem grandes sucessos. Meninos e meninas que nascem de pais pobres, crescem e se tornam milionários. Milton escreveu belas poesias depois que ficou cego, e Beethoven compôs grandes sinfonias apesar de sua surdez. A brilhante carreira de Helen Keller foi inspiradora e tornou-se possível em função de sua cegueira e surdez. A história empresarial norte-americana é repleta de homens como W. Clement Stone, que precisava vender jornais quando criança para impedir que sua família morresse de fome, e superou inúmeros obstáculos para se tornar multimilionário.

Há momentos em que nos sentimos tão desanimados que não vemos nenhuma esperança de ainda ser possível transformar os nossos limões em limonada. Aqui estão duas razões para tentarmos de qualquer maneira:

Razão 1: É possível ser bem-sucedido.

Razão 2: Mesmo que não tenhamos sucesso, a simples tentativa de transformar o "menos" em um "mais" fará com que olhemos para a frente, substituirá os pensamentos negativos por pensamentos positivos, liberará energia e nos estimulará a ficar tão ocupados que não teremos tempo nem inclinação para lamentar o passado e o que se foi para sempre.

Deve-se cultivar uma atitude mental que traga paz e felicidade. Não deixe que limões azedos arruínem sua vida, pois é possível, se você tentar, transformá-los em uma doce limonada.

PONTOS IMPORTANTES

- As cinco condições de fracasso podem ser classificadas da seguinte forma: em primeiro lugar, a preguiça; em segundo, a falta de fé na eficiência do trabalho; em terceiro, dependência da sorte; em quarto, falta de coragem, iniciativa e persistência; em quinto, a crença de que o nosso trabalho afeta a nossa posição, em vez de compreender que é a posição do nosso trabalho que é afetada por nós.

- Se nada mais temos para realizar na vida, não há por que se preocupar. Não existe inimigo maior da harmonia do que pequenas ansiedades e preocupações mesquinhas.

- O pior desgaste de energia é causado pela antecipação do mal, o medo do que nos aguarda no futuro. Na maioria das vezes, esse medo ou preocupação não pode ser justificado pelas circunstâncias. É uma situação imaginária, totalmente infundada e sem motivo. O que tememos é, invariavelmente, algo que ainda não aconteceu.

- Enquanto irradiarmos dúvida e desânimo, estaremos fadados ao fracasso. Se quisermos ficar longe do desespero, devemos manter nossas mentes produtivas e criativas. Para isso, é imprescindível ter pensamentos confiantes, alegres e criativos. Devemos ver um mundo novo, antes de viver nele.

- Não há vergonha na derrota inevitável. A desgraça está em não dar o melhor de si para mudar a situação. Devemos nos envergonhar apenas de fracassos que podemos prever, não apenas porque gera uma reflexão sobre a nossa capacidade e faz com que os outros pensem mal de nós, mas também porque no leva a pensar mal de nós mesmos.

- A única maneira de ascender na vida é manter os olhos fixos em nossa estrela. Devemos visualizar aquilo que queremos ser, manter obstinadamente essa visualização e trabalhar para isso com todas as forças. O importante é sempre ter um motivo que nos conduza de volta ao trabalho, um objetivo inspirador à frente, algo grandioso à espera, que estimule a ambição e satisfaça a aspiração. Considere os fracassos como empecilhos temporários que não vão nos dissuadir dessa aspiração.

- A força de caráter é o resultado das dificuldades superadas. É impossível desenvolver coragem ou perseverança para quem não quer lutar e combater obstáculos. A vida é uma grande academia de ginástica, e quem senta em uma cadeira e observa as barras paralelas e outros aparelhos nunca desenvolve músculos ou resistência.

- Trabalhe duro para manter padrões físicos, mentais e morais elevados. Esteja alerta para o menor indício de deterioração ou queda dos seus níveis. Devemos viver sempre em direção a ideais elevados, de modo que a ambição nunca decaia.

- É comum que uma grande decepção faça com que o nosso moral despenque ou desfira um duro golpe em nossa autoconfiança. A menos que tomemos imediatamente alguma providência, isso pode se transformar em autopiedade, fracasso e infelicidade.

- Não perca tempo e energia tentando se vingar de seus "inimigos". Você vai se prejudicar mais do que a eles.

- Um dos efeitos trágicos do fracasso e da decepção é a depressão. Não devemos nunca nos considerar um fracasso. O que fizemos *fracassou*, mas *nós* não fracassamos. Todo ser humano que já viveu passou por fracassos. Ainda somos a mesma pessoa forte, inteligente e confiante de sempre. Anule o fracasso, aprenda com ele e siga em frente, para novos sucessos. Transforme os limões em limonadas.

CAPÍTULO 5

Vença o medo

O estado de medo é a maior de todas as condições mentais sombrias que se refletem de forma tão desastrosa no ser humano. Ele possui vários níveis: vai desde apenas uma inquietação sobre o mal iminente até o estado de alerta extremo, de medo ou de terror. Isso leva a reações no sistema nervoso que podem impedir o funcionamento de funções normais da vida e que podem causar depressão (moral e espiritual), prostração e, às vezes, colapsos psicológicos.

O medo destrói a iniciativa

Quando uma revista entrevistou 2.500 pessoas, descobriu-se que elas tinham mais de 7 mil medos diferentes. Os mais frequentemente notados eram: medo da morte, de perder o emprego, de falar em público, medo da pobreza, de doenças contagiosas, medo de desenvolver alguma doença oculta hereditária, de ter a saúde debilitada, medo de voar e uma infinidade de medos supersticiosos.

Há muitas pessoas com medo de viver, porque, na verdade, elas temem a morte. Essas pessoas não sabem como superar os medos que as aterrorizam. Para milhares de pessoas, o temor de algum mal iminente está sempre presente. A felicidade delas é envenenada com isso, de modo que nunca têm prazer ou conforto em nada. O temor está impregnado em suas próprias vidas e as impede de realizar esforços que valem a pena.

Algumas pessoas têm medo de praticamente tudo. Inclusive de se aventurar em assuntos de negócios por temerem perder dinheiro. São excessivamente preocupadas com o que os vizinhos pensam a seu respeito. Suas vidas são, como um todo, cheias de medo, medo, medo.

Quando estamos com medo, devemos manter a nossa mente no que precisamos fazer. E se estivermos totalmente preparados, não teremos o que temer.

DALE CARNEGIE

O medo do medo gera o medo

O medo e a preocupação nos fazem atrair as próprias coisas que tememos. Esse hábito prejudica a saúde, encurta a vida e afeta a eficiência. A dúvida e o medo significam fracasso; a fé é otimista; o medo, pessimista.

Quando as pessoas sofrem com um sentimento de medo ou um mau pressentimento, ele afeta tudo o que elas fazem em seus trabalhos e em outros aspectos da vida. O medo sufoca a originalidade, o arrojo, a ousadia. Ele mata a individualidade e enfraquece todos os processos mentais. O medo sempre indica fraqueza e a presença da covardia.

Ele enfraquece o raciocínio e nos torna incapaz de agir de forma prudente em uma emergência, pois ninguém consegue pensar claramente e agir com sabedoria quando está paralisado pelo medo. Quando nos tornamos depressivos e desanimados em relação aos problemas, quando ficamos completamente temerosos de que vamos fracassar ou assombrados com a ideia da pobreza, acabamos atraindo exatamente essas coisas que tememos, e a prosperidade é pulverizada de nosso negócio.

Programe-se para vencer o medo

Os fracassos reais serão raros se, em vez de nos entregarmos ao medo, persistirmos em cultivar pensamentos de prosperidade, assumirmos uma atitude otimista e de esperança e conduzirmos nossos negócios de uma forma sistemática, econômica e clarividente. Porém, quando ficamos desanimados, quando perdemos o estímulo e entramos em pânico, não estamos em posição de fazer o esforço que é absolutamente necessário para trazer a vitória. A atitude mental negativa reduz a vitalidade, diminui o poder de resistência, prejudica a eficiência e destrói a engenhosidade.

Uma das piores formas de medo é o pressentimento de alguma calamidade por vir. Certas pessoas estão sempre sofrendo desse modo peculiar de medo. Elas ficam apreensivas pensando que algum grande infortúnio esteja para chegar, ou que vão perder o dinheiro ou a posição, ou com medo de que aconteça um acidente, ou que sejam vítimas de alguma doença fatal em desenvolvimento. Se os filhos estão longe, elas os veem em todo o tipo de catástrofes: quedas de avião, acidentes de carro, doenças fatais. Estão sempre imaginando o pior. "Nunca se sabe o que pode acontecer", elas dizem, "e é melhor estar preparado para o pior".

Substitua o medo pela fé

Temos condições de destruir e neutralizar facilmente o medo com o simples gesto de redirecionar o pensamento. O medo deprime, reprime e sufoca.

Orison Marden resumiu isso muito bem:

O medo produz um estrago terrível na imaginação, que passa a retratar todo tipo de coisa horrível. A fé é o seu antídoto perfeito. Enquanto o medo vê apenas a escuridão e as sombras, a fé vê uma linha de luz, o sol atrás da nuvem. O medo olha para baixo e espera o pior, a fé olha para cima e antecipa o melhor. O medo é pessimista, a fé é otimista. O medo sempre prevê o fracasso, a fé prevê o sucesso. Não existe medo da pobreza ou do fracasso quando a mente é dominada pela fé. A dúvida não pode existir em sua presença. Ela está acima de todas as adversidades.

Uma fé poderosa é um grande prolongador da vida, porque ela nunca aflige, ela vê além do incômodo temporário, da discórdia, do problema, vê o sol atrás da nuvem. A fé sabe que as coisas vão dar certo, porque vê o objetivo que o olho não consegue ver.

A preocupação esgota nossa energia, arruína e prejudica a capacidade de produção. A fé nos impede de nos preocuparmos e nos permite usar a engenhosidade e a inventividade que temos para um benefício maior.

Preocupados crônicos são deficientes em fé. A fé vigorosa na capacidade de superar os medos dá o apoio necessário quando somos confrontados com eles. Quando decepções, perdas, oposições e catástrofes surgem, o equilíbrio mental não é perturbado, pois a fé vai além do infortúnio e vê o sol atrás das nuvens, a vitória além da aparente derrota.

Muitas pessoas não conseguem parar de se perguntar qual será seu resultado final, ou seja, se elas vão ter sucesso ou não. Esse questionamento constante sobre o resultado das coisas cria dúvidas, o que é fatal para a realização.

Se quisermos desenvolver a coragem, devemos fazer o que tememos fazer e continuar assim até obtermos um registro de experiências bem-sucedidas. Essa é a forma mais rápida e mais segura de superar o medo.

DALE CARNEGIE

Superar o medo de falar em público

Pesquisas demonstram que, quando as pessoas têm domínio na superação de seus medos, torna-se mais fácil superar outros.

Ao longo dos anos, quando são feitos levantamentos sobre o que as pessoas temem, falar em público sempre consta entre as principais áreas listadas de medo. A Dale Carnegie & Associates, Inc. ensinou a milhares de pessoas como minimizar esse medo. Ao pôr em ação as sugestões a seguir, você pode ver como o pavor de falar em público pode ser vencido.

1. *Conheça o seu público*. Aprenda o máximo que puder sobre as pessoas para as quais discursará antes de encontrá-las. Procure se informar sobre o que elas querem saber e adéque seu discurso às necessidades delas.

2. *Prepare, prepare, prepare*. Até mesmo o orador mais experiente deve preparar cuidadosamente o discurso para fazê-lo com sucesso.

3. *Seja confiante*. Conheça a finalidade de sua apresentação.

4. *Não tente decorar a apresentação*. Procure conhecê-la bem o suficiente para ter poder sobre ela.

5. *Conheça mais sobre o assunto do que o necessário*. Quanto mais souber, mais confiante você estará em discutir sobre ele.

6. *Desenvolva uma abertura poderosa*. Você deve obter a atenção do público imediatamente.

7. *Desenvolva um encerramento poderoso*. Você quer que o público lembre e, muitas vezes, faça o que você falou.

8. *Ensaie o seu discurso*. Pratique em frente a um espelho ou gravando um vídeo.

9. *Pratique com seus materiais visuais e equipamentos*. Certifique-se de que estão em condições de funcionamento e em sequência apropriada, antes de dar início ao discurso.

10. *Seja você mesmo*. Finja que está conversando com amigos e não procure a perfeição. O público perdoa erros. Sorria e fale naturalmente.

11. *Chegue mais cedo.* Conheça os participantes. Durante o seu discurso mencione alguns deles pelo nome e faça contato visual.

12. *Lembre-se de três dicas:*

- Conquiste o direito de falar — fale sobre algo que você sabe e tenha confiança do seu domínio.
- Tenha vontade de compartilhar — fale sobre algo que você tenha profundo desejo de compartilhar com seu público.
- Empolgue-se pelo assunto — fale sobre algo pelo qual você tenha paixão.

13. *Controle o "frio na barriga" através de:*

- Respirações profundas, alongando-se e fazendo alguma atividade física.
- Converse com você mesmo de forma estimulante para colocar as coisas em perspectiva, e fazer surgir a crença de que o público está torcendo por você.
- Gestos confiantes.
- Visualize uma apresentação de sucesso.

14. *Lembre-se de se divertir.*

Uma vez superado o medo de falar em público, você achará mais fácil superar outros medos. Pegue cada um deles e estruture um programa para vencê-los da mesma forma que você fez com o medo de falar em público.

O segredo da conquista é a concentração

Preocupação ou medo de qualquer tipo é fatal para a concentração mental e dissipa a capacidade criativa. Independente de a pessoa ser cientista, artista, inventor ou um magnata dos negócios, ela não pode se concentrar se estiver com medo, preocupada ou ansiosa.

Quando toda a mente vibra com emoções conflitantes, é impossível obter eficiência. As coisas que nos debilitam nos tornam prematuramente idosos. As que nos roubam a alegria não são aquelas que acontecem de fato.

Você já ouviu falar de alguma coisa boa chegar a um ser humano a partir da preocupação? Isso alguma vez ajudou alguém a melhorar sua condição? A preocupação faz sempre o exato oposto, prejudicando a saúde, esgotando a vitalidade e diminuindo a eficiência.

O sucesso e a felicidade dependem de as pessoas se manterem em condições de obter o máximo possível de suas energias. Deve-se ter em mente que o medo é o inimigo do sucesso e da felicidade. Devemos cortar o hábito de antecipar catástrofes que provavelmente nunca acontecerão. A ansiedade e o desgaste não apenas roubam a paz de espírito, a força e a capacidade de fazer um bom trabalho, como também anos preciosos de vida.

O trabalho não mata ninguém, mas o medo já matou multidões. Temer realizar tarefas nos prejudica mais do que a sua execução de fato, não apenas pelo temor, repetido mentalmente diversas vezes, mas também pela antecipação de algo desagradável na sua execução.

O medo leva ao fracasso

Remoer o fracasso é uma das piores formas de preocupação. Ela atrapalha a ambição, enfraquece o propósito e derrota o próprio objetivo que a pessoa tem em vista.

Muita gente tem o infeliz hábito de remoer suas experiências passadas, culpando-se por suas deficiências e por seus erros, até que a visão total fique voltada para trás e elas passem a ver tudo sob uma ótica distorcida, já que estão procurando apenas o lado negativo.

Quanto mais uma imagem triste permanece na mente, mais profundamente ela se acomoda e mais difícil se torna removê-la.

Cada momento de preocupação diminui o sucesso e torna o fracasso mais provável; cada bocado de ansiedade e irritabilidade deixa marcas no corpo, interrompe a harmonia do nosso bem-estar físico e mental e enfraquece a eficiência. Preocupar-se com os nossos medos sendo concretizados aumenta a probabilidade de eles acontecerem. Muitas pessoas insistem em permitir que pequenas preocupações, aborrecimentos mesquinhos e atritos desnecessários dominem suas vidas.

Mary era uma mulher que se preocupava com tudo. Por sugestão de uma amiga, ela fez uma lista com todos os eventos e acontecimentos infelizes possíveis que Mary tinha certeza que iriam acontecer e seriam desastrosos. Quando ela releu a lista, muito tempo depois, para sua surpresa, descobriu que nem mesmo uma única previsão infeliz, em toda relação de desastres, havia se realizado.

Vamos fazer o mesmo que Mary. Anote tudo o que você acha que vai acabar mal e, então, deixe a lista de lado. Quando olhá-la novamente, em algum momento no futuro, perceberá o quanto a porcentagem de coisas horríveis que acabaram acontecendo foi pequena.

Pare de temer as coisas que podem nunca acontecer

Temos de fazer todo o esforço para acabar com a preocupação assim como pararíamos qualquer prática ruim que causasse sofrimento. Temos de encher nossa mente com coragem, esperança e confiança. Não devemos esperar até que os pensamentos de medo se tornem arraigados na mente e na imaginação. Quando confrontados com medos, devemos tomar o antídoto instantaneamente, para que os inimigos fujam. Não há medo tão grande ou tão profundamente arraigado que não possa ser neutralizado ou erradicado em sua totalidade pelo seu oposto. As sugestões opostas vão liquidar o medo. Lembre-se do lema de Franklin D. Roosevelt: "A única coisa que devemos temer é o próprio medo."

O medo é um valentão e um covarde, e tudo o que temos de fazer para vencê-lo é esquecer que ele existe. Nós podemos fazer isso.

DALE CARNEGIE

Superar o medo

Para começar a superar o medo, primeiro, temos de entender o que de fato tememos. É quase sempre algo que ainda não aconteceu, ou seja, algo inexistente. O problema é quando pensamos em algo imaginário e cuja possibilidade de existência nos amedronta.

A maioria das pessoas tem medo de andar em um lugar estreito elevado acima do solo. Se esse mesmo espaço estreito fosse demarcado em uma trilha larga, no solo, essas pessoas se manteriam dentro dele perfeitamente, e nunca pensariam em perder o equilíbrio. O único perigo é o medo de cair. As pessoas seguras são simplesmente destemidas, pois não permitem que o pensamento de um possível perigo as domine, e mantêm seus poderes físicos sob perfeito controle. Um acrobata tem apenas de vencer o medo para executar a maioria das evoluções que surpreende os espectadores. Para alguns feitos, o treinamento especial e o desenvolvimento dos músculos, do olho e da concentração são necessários, mas uma cabeça fria e destemida é tudo o que é necessário para a maioria.

Considere um medo muito comum, o de perder o emprego, por exemplo. As pessoas que tornam as próprias vidas um inferno, preocupando-se com esse possível infortúnio, não perderam seus empregos. Elas estão sofrendo por nada, pois esse perigo não existe. A situação presente, portanto, é satisfatória. Se a demissão vier, então é tarde demais para se preocupar com ela chegando, e toda a preocupação anterior terá sido puro desperdício. Nenhum bem foi feito, tendo apenas deixado a pessoa fraca para a luta necessária de seguir em frente. Uma coisa para se preocupar, portanto, será a falta de uma nova oportunidade. Caso um novo emprego seja encontrado, toda a preocupação será novamente inútil. Sob nenhuma circunstância a preocupação pode ser justificada pela situação, em qualquer momento em particular. Seu objetivo é sempre uma situação imaginária. Conforme discutido no Capítulo 4, em vez de nos preocuparmos com a perda de nossos empregos, devemos adotar medidas positivas para reduzir o risco e, se necessário, nos preparar para encontrar um novo.

Para superar seus diversos medos, siga cada um até a conclusão lógica e convença a si próprio de que, no presente momento, as coisas que teme não existem, salvo em sua imaginação. Independente de virem a acontecer ou não, o medo é uma perda de tempo, de energia e de força mental e física. Pare de se preocupar, assim como pararia de comer ou beber algo que lhe causou dor no passado. Se tiver de se preocupar com alguma coisa, preocupe-se com os efeitos terríveis da preocupação, pois isso pode ajudá-lo na cura.

Treinar a mente para se livrar das sugestões de medo e combater todos os pensamentos que conduzem a ele é essencial, pois a simples convicção de que o que tememos é imaginário não será suficiente. Isso significa esforço mental de alerta e vigilância constante. Quando os pensamentos de mau pressentimento ou de preocupação começam a se insinuar, não devemos ceder e deixá-los que cresçam e tomem grandes proporções, e sim mudá-los, focando nossas mentes na direção oposta.

Se o medo é de fracasso pessoal, em vez de pensar o quanto somos pequenos e fracos, despreparados para a grande tarefa e o quanto temos certeza de que vamos fracassar, devemos pensar o quanto somos fortes e competentes, o quanto fomos bem-sucedidos em tarefas similares e como vamos utilizar todas as experiências do passado e trazê-las para o presente. Realizaremos, assim, a tarefa de forma triunfante e estaremos prontos para outras ainda mais desafiadoras. É uma atitude como esta, seja assumida conscientemente ou não, que vai nos levar a lugares ainda mais altos.

Esse mesmo princípio de expulsar o medo, ainda que através de um pensamento alegre, esperançoso e confiante, pode ser aplicado a todos os vários tipos de medo que constantemente nos afligem. No princípio, será difícil mudar a corrente de pensamento, deixar de insistir em coisas sombrias e deprimentes. Uma ajuda no processo é muitas vezes aconselhável. Uma mudança súbita de trabalho para algo que requeira concentração muitas vezes funciona como um interruptor.

É o medo que nos mantém lutando perpetuamente contra possibilidades terríveis em vez de superá-las. Ele vem da falsa crença de uma incapacidade de lidar com a vida, com os problemas, com o receio de não ser capaz de prover para si e para sua família. Converta esse medo em fé e você não vai fracassar.

O pensamento do medo é o arqui-inimigo da humanidade a ser eliminado do pensamento, completamente erradicado, mas apenas ao ser confrontado. Conforme Emerson disse: "Faça aquilo que você mais teme e a morte do medo é certa."

Dale Carnegie nos forneceu algumas sugestões básicas sobre como vencer a preocupação e o medo:

Acabe com o hábito de se preocupar antes que ele acabe com você

1. Mantenha-se ocupado.
2. Não se aflija com ninharias.
3. Use a lei das probabilidades para banir suas preocupações.
4. Coopere com o inevitável.
5. Decida o quanto pode valer algo em termos de ansiedade e recuse-se a dar mais do que o necessário.
6. Não se preocupe com o passado.

Cultive uma atitude mental que lhe proporcione paz e felicidade

1. Preencha sua mente com pensamentos de paz, coragem, saúde e esperança.
2. Nunca tente se vingar de seus inimigos.
3. Espere a ingratidão.
4. Conte suas bênçãos, e não seus problemas.
5. Não imite as outras pessoas.
6. Tente tirar proveito das suas perdas.
7. Crie felicidade para os outros.

Não se preocupe com as críticas

1. Lembre-se que a crítica injusta é, muitas vezes, um elogio disfarçado.
2. Faça o melhor que puder.
3. Analise seus próprios erros e critique a si mesmo.

Previna a fadiga e a preocupação e mantenha sua energia e alto-astral

1. Repouse antes de ficar cansado.
2. Aprenda a relaxar no trabalho.
3. Proteja a saúde e a aparência, relaxando em casa.
4. Aplique estes quatro bons hábitos de trabalho:
   a. Retire de sua mesa todos os papéis, exceto aqueles relativos ao problema imediato em questão.

b. Faça as tarefas por ordem de importância.

c. Ao se deparar com um problema, se tiver as ferramentas necessárias para tomar uma decisão, resolva-o naquele momento.

d. Aprenda a organizar, substituir e supervisionar.

5. Coloque entusiasmo em seu trabalho.

6. Não se preocupe com a insônia.

PONTOS IMPORTANTES

- Para ter sucesso é preciso ser corajoso. No entanto, muitas pessoas que têm talento, inteligência e o desejo de ter sucesso nunca chegam a ele, pois ficam paralisadas pelo medo. Não precisamos ter medo. Temos a capacidade de superá-lo.

- O medo em todas as suas diferentes fases de expressão, tais como preocupação, ansiedade, raiva, ciúmes, timidez, é o grande inimigo da raça humana. Nós temos a capacidade de destruí-lo e neutralizá-lo facilmente, simplesmente mudando o pensamento. O medo deprime, reprime, sufoca. Se ele for ativado, uma atitude mental criativa positiva transforma-se em uma atitude não produtiva negativa, e isso é fatal para o sucesso.

- O medo é pessimista, a fé é otimista. O medo sempre prevê o fracasso, a fé prevê o sucesso. Preocupar-se com a possibilidade de os medos se concretizarem aumenta a probabilidade de eles acontecerem. Acabe com a preocupação, assim como você pararia qualquer hábito ruim que lhe tivesse feito mal.

- Em vez de entregar-se ao medo, assuma uma atitude otimista e de esperança.
- Para começar a superar o medo, primeiro, precisamos entender o que tememos. É sempre alguma coisa que ainda não aconteceu, ou seja, algo inexistente.
- A coragem começa com a superação do medo. No entanto, é mais do que apenas superá-lo. Isso significa assumir riscos com o dinheiro, o futuro e até com as nossas vidas.
- A única maneira de erradicar o medo é confrontá-lo. Conforme Emerson disse: "Faça aquilo que você mais teme e a morte do medo é certa."
- Tenha coragem para tomar decisões. Determinadas pessoas não esperam por circunstâncias favoráveis: elas não se submetem a eventos, os eventos é que devem se submeter a elas.

CAPÍTULO 6

Aprenda a lidar com o estresse

O estresse faz parte de qualquer trabalho. Se não existisse estresse, provavelmente ficaríamos entediados. Porém, quando ele se torna angustiante, é preciso que alguma coisa seja feita a respeito.

O estresse é uma resposta do corpo para uma circunstância em particular. O Dr. Hans Selye, por muitos considerado o pai da pesquisa no ramo, definiu o estresse como a resposta não específica do corpo para qualquer exigência feita em relação a ele. Selye escreveu: "O estresse é uma tentativa de adaptação a uma situação de mudança com uma resposta que envolve o sistema nervoso, o sistema circulatório, o sistema imunológico e muitos outros órgãos também."

Fatores estressantes

Situações de mudança e demais circunstâncias com as quais nos deparamos desencadeiam a resposta do corpo e desenvolvem o estresse. Esses fatores podem incluir situações sérias, como uma doença grave recém-diagnosticada ou uma mudança forçada de emprego. Também podem ser circunstâncias simples, como um engarrafamento de trânsito ou um problema no computador do trabalho.

O Dr. Selye observou que há três formas de estresse:

Eustresse (+)

Nem todo estresse é ruim. O estresse bom, que ele chamou de "eustresse", é um ingrediente essencial para nos motivar a fazer um trabalho extraordinário. É o estresse positivo que nos energiza e aumenta o foco e a concentração. Esse estresse é proveniente de situações sobre as quais sentimos que mantemos certo grau de controle, como uma apresentação de trabalho ou uma apresentação musical. Se controlado, ele tende a elevar nossa criatividade e produtividade.

Distresse (-)

Esta é a resposta ao estresse que é destrutivo e negativo. É proveniente da nossa reação a situações que parecem fora de controle. Quando nos sentimos ameaçados ou amedrontados, o corpo libera substâncias químicas para iniciar uma sequência de eventos que aumentam a pulsação cardíaca, o que algumas pessoas chamam de um fenômeno de "luta ou fuga".

Hiperestresse (- -)

É o estado de angústia permanente, que resulta em efeitos negativos nos relacionamentos, na saúde e no desempenho profissional. Ele leva ao esgotamento, provoca úlceras estomacais, ataques cardíacos e colapsos psicológicos.

Sentir pena de si mesmo e da sua condição atual não é apenas perda de tempo, mas o pior hábito que você poderia ter.

DALE CARNEGIE

A relação entre os níveis de estresse e o desempenho

Há um aspecto favorável do estresse para qualquer tarefa. Se houver ausência dele, o trabalho pode ser feito a esmo ou sequer ser executado, porque o indivíduo se distrai facilmente, comete erros por omissão ou adormece. Mas se ele for intenso demais, o indivíduo pode ficar distraído ou muito focado em um aspecto da tarefa, tendo dificuldades para saber quando e como agir. Neste caso, o desempenho fica prejudicado.

O estresse severo pode também afetar a coordenação e a concentração. Com estresse extremo, o indivíduo pode ficar imobilizado pelo medo. Ele também pode se irritar ou o desempenho sofrer uma redução devido ao absenteísmo. Neste caso, a pessoa fica simplesmente dominada pelo pânico e abandona uma situação estressante. Se o estresse persiste por muito tempo, ele pode causar doenças físicas e mentais. O estresse severo somado ao desespero pode até provocar uma morte rápida em algumas pessoas.

O custo do estresse no trabalho

As estatísticas e os resultados de estudos a seguir são informações de domínio público adquiridos do Instituto Nacional de Segurança e Saúde Ocupacional (NIOSH). O NIOSH faz parte do Departamento de Saúde e Serviços Humanos dos Estados Unidos e é distinto do OSHA — Administração da Saúde e Segurança Ocupacional, que é uma agência reguladora do Departamento do Trabalho.

Financeiro
O estresse no trabalho também é muito oneroso, representando um custo para a indústria norte-americana estimado acima de 300 bilhões de dólares por ano. Trata-se do resultado de acidentes, absenteísmo, rotatividade de funcionários, produtividade reduzida, custos médicos, legais e de seguro diretos, indenizações, assim como julgamentos administrativos e responsabilidade civil.

Considere as estatísticas a seguir:

- Quarenta por cento da rotatividade de emprego se dá devido ao estresse.
- Recolocar um empregado médio, atualmente, custa de alguns milhares de dólares, para empregados com salário baixo, a dezenas de milhares de dólares, para profis-

sionais, técnicos altamente especializados e pessoas de nível gerencial.

- De 60% a 80% dos acidentes no trabalho estão relacionados ao estresse. Alguns podem afetar milhares de pessoas a muitas milhas de distância. São os casos dos colapsos nucleares na Three Mile Island (Pensilvânia), em 1979, e em Chernobil (Ucrânia), em 1986, e do derramamento de óleo com o desastre do petroleiro Exxon Valdez, em 1989.
- Na Califórnia, o número de pedidos de indenização dos trabalhadores por estresse mental aumentou quase 700% ao longo de oito anos.
- Nos últimos dez anos, a Califórnia pagou bilhões de dólares por despesas médicas e legais apenas devido a questões relativas ao estresse, o que é mais do que a maioria dos estados gasta com indenizações reais. Isso resultou em aumentos de dois dígitos nas indenizações dos trabalhadores a cada ano.

As consequências relatadas com mais frequência, provenientes das atividades estressantes de trabalho e que têm impacto direto na produtividade, são:

Psicológicas
- Depressão
- Fadiga
- Ansiedade crônica
- Aumento dos conflitos pessoais devido ao pensamento negativo, impaciência, apatia, raiva e hostilidade
- Esgotamento: exaustão, depressão, isolamento e não envolvimento

Físicas

- Aumento de pressão sanguínea e problemas no sistema cardiovascular
- Hiperatividade gastrointestinal: hiperacidez, úlceras, intestino irritável, diarreia
- Dores de cabeça
- Erupção cutânea, coceira
- Fadiga sem explicação
- Aumento de infecções, devido ao comprometimento do sistema imunológico
- Problemas dentários devido ao cerramento da mandíbula e dos dentes

Comportamental (problemas pessoais)

- Reação irracional às declarações ou às ações dos colegas
- Prepotência
- Explosões de mau humor
- Propenso a acidentes devido à falta de concentração
- Imprudência ao dirigir
- Aumento do uso de tranquilizantes, álcool e cigarros
- Risos inapropriados

Lidar com as nossas próprias situações estressantes

Todos nós enfrentamos situações estressantes no trabalho e no dia a dia. O estresse não é necessariamente ruim. Como observado acima, ele muitas vezes nos motiva a realizar coisas que parecem impossíveis de alcançar. É preciso tomar cuidado com o estresse que fica grande demais para ser controlado e que pode levar ao comprometimento físico e psicológico. Analisaremos algumas situações que nos provocam estresse e algumas sugestões que psicólogos, médicos especialistas e executivos de empresas pragmáticos recomendaram para impedir que sucumbamos a esse mal em nossos empregos.

Você tem um prazo a cumprir e não está nem perto de conseguir. O assistente do qual você depende nunca aparece. O chefe o pressiona para realizar o trabalho a tempo. A sua dor de cabeça é tão latejante que você não consegue nem pensar direito. O que se pode fazer para aliviar esse estresse agora, de modo que seja possível, pelo menos, começar a trabalhar?

Felizmente, é possível lidar com as situações mais estressantes ao aplicar um ou mais "aliviadores de estresse", listados a seguir.

- Autodisciplina
- Tratamento afetuoso
- Relaxamento
- Atividade física
- Senso de humor
- Procurar ajuda dos outros

Autodisciplina

Cada pessoa tem a sua própria forma de aliviar a tensão. Um homem relatou que, quando fica estressado, sai com o carro, certifica-se de que as janelas estão fechadas e grita. Uma mulher que tem um escritório privativo, admitiu que seu alívio das tensões veio da prática de alguns minutos de Yoga. Outras pessoas encontram ajuda na meditação ou na oração.

O humor de Ben causou-lhe inúmeros problemas através dos anos. Ele tinha pavio curto e, mesmo quando estava apenas um pouco estressado, gritava com qualquer um que estivesse próximo. Isso aliviava sua tensão imediata, mas deixava todas as pessoas à sua volta nervosas.

O chefe de Ben lhe deu uma advertência, informando que, se não pudesse manter o temperamento sob controle, seu futuro na empresa estaria em perigo. Ben percebeu que o que considerava um aliviador de estresse, ou seja, descarregar através de gritos e explosões de raiva, estava não apenas causando problemas aos outros, mas também exacerbando seu próprio estresse. Essa conscientização o levou a um esforço combinado para conter as explosões emocionais. Ele fez disso um jogo e, premiando-se com pequenos prazeres a cada vez que conseguia, construiu uma resistência contra seus impulsos. Isso não apenas reduziu o número de acessos de raiva, mas também lhe permitiu aceitar mais facilmente as questões que causavam isso, reduzindo assim o estresse de seu trabalho.

Tratamento afetuoso

Cuidar de si mesmo é importante para manter uma boa saúde, pois as pessoas saudáveis ficam menos propensas ao estresse. Beverly estava acima do peso, tinha pressão alta e parecia estar sempre tensa. Tudo a irritava, e ela tinha frequentes dores de cabeça, além de outros problemas físicos. Ela estava sempre desleixada e dava pouca atenção às suas roupas e à sua aparência. A culpa, segundo Beverly, era das pressões que sofria no trabalho. Seu médico informou que a pressão e o estresse pelos quais ela estava passando poderiam realmente ser o resultado da negligência consigo mesma. Ele prescreveu uma dieta para redução de peso e controle de pressão. O resultado: ela emagreceu, sentiu-se mais saudável e começou a ter mais interesse por sua aparência. Mudou o corte de cabelo e comprou algumas roupas novas. Ao se dedicar ao tratamento afetuoso, Beverly tornou-se menos tensa e foi capaz de lidar com muitos dos aspectos de seu trabalho que, anteriormente, haviam causado o estresse.

Relaxamento

A maioria dos especialistas no assunto concorda que, quando alguém está sob estresse, o relaxamento é a terapia imediata mais eficaz. A maneira de uma pessoa relaxar depende das circunstâncias em que o estresse ocorre e dos diferentes métodos de relaxamento adequados para cada indivíduo e para cada situação.

Em um levantamento recente, o presente autor perguntou a um grupo de homens e mulheres o que eles faziam para relaxar quando estavam sob pressão no trabalho.

Quando Charley se sente sob muita pressão, tenta sair de cena por um tempo curto. Sai de sua mesa, coloca seu casaco e deixa o prédio. Uma pequena caminhada em volta do quarteirão ou do estacionamento, por cerca de dez minutos, e não uma hora, deixa-o renovado e restaura sua tranquilidade, de forma que ele tenha condições de enfrentar o problema de maneira mais eficaz.

Carly trabalha no centro da cidade em que mora. Quando se sente estressada no trabalho, ela também deixa o prédio e relaxa olhando vitrines em um shopping center próximo.

O chefe de Stan não permite que as pessoas deixem o local de trabalho durante o expediente. Portanto, quando está estressado, ele encontra algo para fazer em outra parte do prédio.

Retirar-se do local em que ocorre estresse oferece à mente uma oportunidade de se restabelecer. Olhar para um cenário diferente, mesmo que seja apenas outra sala, pode ajudar a aliviar a tensão.

Sonhar acordado. Deixe que a mente se concentre em uma lembrança agradável. Pense em uma viagem de férias que tenha lhe dado muito prazer, uma bela cena ou pintura, uma experiência feliz. Saboreie esses momentos. Reviva-os. Sinta o perfume das flores, saboreie a brisa do mar, respire o ar da montanha, olhe para aquele campo repleto de pétalas amarelas. Quando o cérebro é desviado de uma situação estressante e é inundado com pensamentos agradáveis, ele relaxa, e o estresse desaparece.

Algumas pessoas escapam de suas tensões devaneando durante uns poucos minutos sobre os sucessos do passado. Nós, provavelmente, já enfrentamos problemas semelhantes antes e os resolvemos. Ao recordar as realizações anteriores, muitas vezes temos ideias sobre como lidar com o problema atual e, mesmo ela não sendo efetivamente útil, levanta nosso moral, pois somos reforçados pela consciência de que os outros assuntos que nos estressaram no passado foram superados.

Outra forma de diminuir a tensão é alterar o ritmo. Todos nós temos mais de um projeto no qual podemos trabalhar em qualquer momento. Se a pressão ficar grande demais na atividade atual, mude para outra por algum tempo. Heather estava tão preocupada em cumprir o prazo que não conseguia se concentrar em seu trabalho. Ela se pegou fazendo maus julgamentos e cometendo vários erros. Embora sentisse que realmente precisava de todo o tempo disponível para fazer esse trabalho, ela colocou o projeto de lado e trabalhou em algumas outras tarefas por aproximadamente meia hora. Quando voltou para o seu projeto prioritário, sentiu a mente mais leve. Aspectos que a frustravam anteriormente agora entraram em foco, e ela não apenas cumpriu o prazo, mas também apresentou uma obra-prima.

Atividade física

A atividade física é uma excelente maneira de reduzir o estresse. No entanto, se trabalhamos em uma sala com outras vinte pessoas, não é uma boa ideia fazer polichinelos no local. No entanto, existem muitas atividades que podem ser feitas e que são mais discretas.

Exercícios de respiração são fáceis e não incomodam as outras pessoas. Respire profundamente pelo nariz e deixe o ar sair lentamente pela boca. Faça isso várias vezes e observe como todo o corpo reage e começa a relaxar. Outros exercícios de relaxamento podem ser facilmente aprendidos e aplicados quando necessários.

A empresa de Ted possui uma sala de ginástica que contém alguns equipamentos. Quando se sente sob pressão, ele desce até a sala de ginástica, senta em uma bicicleta ergométrica e pedala de cinco a dez minutos, o que não é suficiente para se exercitar, mas é completamente apropriado para aliviar a tensão.

Steve, um gerente de recursos financeiros em uma empresa de investimento, todo dia precisava tomar decisões que podiam resultar no ganho ou na perda de milhões de dólares para a empresa. Ele frequentemente chegava em casa do trabalho tão estressado que gritava com os filhos e brigava com a esposa. Chegou ao ponto em que as crianças se escondiam quando ouviam o carro dele entrando na garagem. Seguindo o conselho de um orientador, ele entrou para uma academia. Em vez de ir direto para casa após o trabalho, Steve agora pratica um jogo pesado de squash na academia de ginástica. Quando chega em casa, toda a tensão está fora de seu sistema e uma vida familiar saudável encontra-se restabelecida.

Se você tem preocupações, não há maneira melhor de eliminá-las do que levá-las para dar uma volta. Simplesmente leve-as para um passeio. Elas podem criar asas e voar para longe.

DALE CARNEGIE

Senso de humor

Quando estamos acometidos pela pressão, é difícil ver qualquer humor em uma situação. Entretanto, quando olhamos para trás e para as coisas que nos estressaram no passado, muitas vezes rimos delas.

O chefe de Karen tinha acabado de repreendê-la. Ela havia interpretado mal as instruções dele e cometeu um grande erro na execução do projeto, mas ele deveria ter reconhecido que, se as instruções tivessem sido mais claras, isso não teria acontecido. Karen estava tensa, infeliz, sentindo-se injustiçada. No entanto, em vez de deixar que isso dominasse o resto do seu dia, ela pensou: "Ele não parece bobo com o rosto vermelho e a maneira como pula para cima e para baixo?" Ela começou a rir e o estresse começou a desaparecer quando deu início ao trabalho de correção do projeto.

Muitos médicos têm recomendado o riso como meio de aliviar a dor física e o estresse. As pessoas com senso de humor são menos propensas a ele do que aquelas para as quais falta humor. Buscar e encontrar algo que estimule a risada na situação conflituosa muitas vezes ajuda a aliviar as tensões.

Paul mantém um livro de charges engraçadas em sua estante. Quando se sente oprimido pelo trabalho, ele faz um "intervalo para rir". Ao dar uma olhada nas páginas dessa coleção, o resultado são sorrisos, risadas e até mesmo gargalhadas. Isso limpa a sua mente e o fortalece para enfrentar o trabalho de uma forma menos tensa.

Procure a ajuda dos outros

Marilyn acha que a melhor maneira de aliviar o estresse é fazer uma pausa ao telefone. Ela telefona para uma boa amiga para conversar sobre o problema. Embora não espere que a amiga resolva a questão, verbalizar o que está em sua mente para outra pessoa ajuda a esclarecer o que muitas vezes lhe tinha escapado. Além disso, os poucos minutos de uma conversa amigável reduzem a tensão.

Às vezes, o estresse é tão avassalador que não conseguimos lidar com ele por conta própria. Mas sempre podemos recorrer a consultores profissionais, religiosos ou especialistas em áreas específicas. Quando o marido de Judith faleceu, ela ficou tão arrasada que não conseguia trabalhar direito. Felizmente, teve o bom senso de procurar ajuda de um terapeuta especializado em luto, que a ajudou a lidar com a situação.

Lembre-se: nós não estamos sozinhos. Algumas empresas têm programas de assistência ao funcionário para ajudá-lo a superar problemas pessoais que causam estresse. Serviços da comunidade e fontes privadas estão disponíveis em quase todos os lugares.

Cada pessoa deve desenvolver várias atividades para relaxar quando estiver sob pressão, que podem ser feitas no trabalho. Alguns momentos de descanso podem reduzir o estresse e permitir que a pessoa retorne revigorada ao trabalho e pronta para lidar com ele.

Não podemos deixar que o estresse nos coloque para baixo. Ao aplicar uma ou mais das sugestões acima, adotando medidas que nos ajudem a lidar com os problemas que nos colocam sob pressão, nos permitimos voltar para uma vida normal e produtiva.

Reduza o estresse na resolução de problemas

Todos nós precisamos resolver problemas e tomar decisões no ambiente profissional. Muitos se estressam quando os problemas se acumulam. Temos a tendência de rodeá-los em vez de nos concentrarmos neles, e isso não apenas não ajuda a resolvê-los, como também aumenta o estresse e a tensão.

Ao seguir uma abordagem sistemática para resolução de problemas, pode-se lidar com eles com um mínimo de estresse e, ao mesmo tempo, tomar decisões melhores. Experimente esta abordagem de quatro etapas:

1. *Conheça os fatos.* Anote exatamente o que o está preocupando. Charles Kettering, grande inventor e industrial, definiu isso muito bem: "Um problema bem-definido é um problema meio resolvido."

2. *Analise os fatos.* Pense sobre as possíveis respostas ou soluções para os fatos. Não se esqueça de pensar sobre a ramificação de cada opção. Considere não apenas se isso resolverá os problemas, mas também como vai afetar as outras pessoas que podem estar envolvidas.

3. *Chegue a uma conclusão.* Pense e repense todas as opções e, em seguida, decida qual é a melhor solução ou ação possível.

4. *Coloque em prática a decisão.* Comece imediatamente a colocar a decisão em prática. Isso vai deixá-lo no controle para lidar com a questão estressante. É incrível como o estresse diminui quando você começar a agir.

Primeiro, pergunte a si mesmo: "Qual é a pior coisa que pode acontecer?" E, então, prepare-se para aceitar o pior. Em seguida, proceda para melhorar o pior.

DALE CARNEGIE

A tecnologia produz ou alivia o estresse?

À medida que o século XXI avança, os progressos na tecnologia com a qual fazemos o nosso trabalho parece aumentar mais rapidamente do que a nossa capacidade de acompanhá-los. Atualmente somos capazes de "estar" no trabalho, literalmente, 24 horas por dia, sete dias por semana. Isso pode parecer a possibilidade de realizar muito mais a cada dia e de nos tornar extraordinariamente bem-sucedidos. Mas tem a mesma probabilidade de aumentar o estresse e a tensão no trabalho e na vida. Aqui estão algumas sugestões para que você se mantenha psicologicamente saudável e ainda seja produtivo neste mundo de alta tecnologia.

1. *Pare de realizar multitarefas e de trabalhar 24 horas por dia e sete dias por semana.*
   Um computador pode funcionar todos os dias, mas nós não podemos, por isso, nem adianta tentar. Por exemplo, não almoce na mesa de trabalho e não use um intervalo para responder e-mails. Descansar não é vagabundagem, é recarga.

2. *Estabeleça alguns limites entre trabalho e casa.*
   A tecnologia pode permitir que se trabalhe em casa, mas isso na verdade torna mais difícil ficar longe do trabalho. No jargão técnico atual, é comum falar sobre a instalação de um *firewall* entre o mundo exterior e a rede de computadores, mas pode ser apropriado também instalar um *firewall* psicológico entre trabalho e casa, um fosso virtual em torno da nossa casa.

3. *Desconecte-se completamente com regularidade.*
Puxe o plug do telefone, do BlackBerry, do iPhone, do laptop e dos computadores domésticos. E, então, relaxe e aproveite o silêncio.

4. *Não fique "de plantão" o tempo todo.*
Deixe o telefone celular em casa quando for a um cinema. Verifique e-mails e as mensagens de voz de tempos em tempos em vez de constantemente, como fazemos com nosso correio tradicional. Ao fazer um intervalo de revigoramento, na verdade estaremos nos tornando mais eficientes no retorno ao trabalho, e as mensagens ainda estarão lá.

5. *Não podemos fazer tudo imediatamente.*
Nem tudo precisa ser feito na hora. Se essa demanda ocorre com regularidade e se temos a certeza de que não podemos adiá-la, significa que a tecnologia é pouco adequada para a tarefa ou o planejamento e gerenciamento do tempo precisam ser analisados dentro da empresa.

O fato de precisarmos enviar um fax, um e-mail ou fazer uma ligação no último minuto não significa que devamos fazer com que isso se torne um hábito. Planeje com antecedência e ajude os outros a fazerem o mesmo, mostrando as suas expectativas para o agendamento. Em outras palavras, opte por um ritmo mais lento, quando possível.

Por que uma coisa tão simples, como manter-se ocupado, ajuda a expulsar a ansiedade? Por causa de uma lei, uma das leis mais fundamentais já reveladas pela psicologia: é absolutamente impossível para qualquer mente humana, não importa o quanto ela seja brilhante, pensar em mais de uma coisa em um determinado momento.

DALE CARNEGIE

PONTOS IMPORTANTES

A maior parte das pessoas tem dentro de si a capacidade de controlar o estresse com o qual nos deparamos na maioria das áreas em nossas vidas. Devemos ter consciência do que nos estressa e identificar os primeiros sinais, de modo que possamos adotar medidas preventivas ou, caso já tenha avançado a proporções sérias, medidas corretivas.

Aqui estão algumas sugestões para ajudar a lidar com isso:

- Analise em quais situações você tende a ter mais estresse. Pode ser o cumprimento de prazos apertados ou a pressão exercida pelo chefe, pelos subordinados ou pelos clientes, ou outros fatores. Uma vez que reconheça os agentes causadores de estresse, será possível lidar com eles antes que venham a oprimi-lo.
- Monitore as conversas que tem consigo mesmo. Falamos conosco mesmo o tempo todo, talvez não em voz alta, mas a voz na mente reforça a forma de abordar o trabalho e a nossa vida. Se continuarmos a nos dizer

que somos estressados, sobrecarregados e que estamos fadados a falhar, consequentemente, seremos estressados, sobrecarregados e fadados a falhar. Quando esses pensamentos negativos forem introduzidos em sua mente, expulse-os com pensamentos positivos, com planos para superar os problemas, e o estresse será substituído pela confiança.

- Quando sentir o estresse chegando, tenha um plano predefinido para lidar com ele, antes que este se torne excessivo. Siga algumas sugestões feitas neste capítulo sobre relaxamento, mudança de ritmo, atividade física e humor.
- Pense de forma abrangente. O estresse do momento pode obscurecer o pensamento.
- Um assunto urgente que provoca estresse precisa ser pesado em função do que é verdadeiramente importante.
- Desenvolva o hábito de tirar pequenas "férias mentais".
- Acalme sua mente com pensamentos ou música relaxantes.
- Incorpore relaxamento e/ou técnicas de meditação em sua rotina.
- Encontre tempo para cultivar o silêncio e a solidão.
- Sono adequado: a privação do sono pode diminuir a capacidade do corpo de lidar com o estresse. Embora a quantidade de horas dormidas necessária para funcionar a níveis satisfatórios varie de pessoa para pessoa, o sono é essencial para a boa saúde física e emocional.
- Cochilar: Dale Carnegie, em seu livro *Como parar de se preocupar e começar a viver* dá uma excelente sugestão. Experimente. "Se você não puder tirar uma soneca, pode pelo menos deitar por uma hora antes do jantar.

Se puder descansar por uma hora, você acrescentará uma hora acordado por dia em sua vida."

- Participe de atividades que lhe deem a sensação de estar no controle e que proporcionem liberdade mental. Experimente realizar ações que proporcionem distração psicológica, física e espiritual.
- Experimente atividades físicas como andar de bicicleta, nadar, correr, realizando passatempos agradáveis.
- Desenvolva o sentido de sucesso em outros aspectos da vida. Vivenciar sucessos no trabalho voluntário ou em atividades da comunidade ou religiosas pode ajudar a lidar com a falta de controle que ocorre no local de trabalho.
- Desenvolva uma equipe de apoio. O estresse pode, muitas vezes, isolar você dos outros e aumentar as chances de se estressar ainda mais. Os membros da sua equipe de apoio permitem que você coloque o seu estresse para fora abertamente, enfrentando e lidando com ele.
- O estresse internalizado pode chegar ao ponto de ebulição, transbordando de formas pouco saudáveis e improdutivas. Ter pessoas que se preocupam conosco funciona como uma válvula de segurança para a pressão interna.

CAPÍTULO 7

Elimine o esgotamento

O esgotamento é mais comum no local de trabalho, mas existe uma diferença entre o esgotamento nesse ambiente e um dia ou dois de preocupações. A maioria das pessoas tem dias em que se sente sobrecarregada, entediada ou desvalorizada; dias em que faz malabarismo para cumprir suas responsabilidades e não é notado e, muito menos, recompensado; e dias em que é necessário ter uma determinação sobre-humana para sair de casa e ir trabalhar.

O esgotamento no ambiente de trabalho não é o mesmo que o estresse. O esgotamento pode ser o resultado do estresse impiedoso, mas eles não são a mesma coisa. Quando estamos estressados, nós nos preocupamos bastante, mas, quando estamos esgotados, não visualizamos nenhuma esperança de melhoria. Não queremos chegar a esse ponto.

As pessoas não são lâmpadas. Uma lâmpada brilha de forma intensa e repentina até — puf! — se esgotar. As pessoas se esgotam lentamente e, muitas vezes, de modo imperceptível.

Embora alguns esgotamentos possam resultar em colapsos físicos, como um ataque cardíaco ou úlceras, a maior parte deles é de cunho psicológico. As pessoas perdem o entusiasmo, a energia e a motivação, e isso se apresenta de várias maneiras. Elas odeiam o emprego que têm, não suportam os colegas de trabalho, desconfiam do chefe e têm receio de sair para trabalhar a cada manhã.

O esgotamento pode ser causado por muito estresse, mas essa não é a única causa. Pode ser também um resultado de frustração: ter sido preterido em uma promoção esperada ou em um aumento de salário, acreditar em promessas que não foram cumpridas. Alguns líderes e gerentes chegam à exaustão por causa da pressão que sofrem para tomar decisões que, se malogradas, podem causar problemas catastróficos. Outros simplesmente entram em exaustão por terem de trabalhar excessivamente durante muitas horas ou fazer um trabalho pouco gratificante.

Neste capítulo, são analisadas as diferenças entre estresse e esgotamento no local de trabalho. Serão abordadas maneiras com as quais podemos evitar o esgotamento, gerenciar o estresse no trabalho e ser mais produtivo. Será abordada também a questão da sobrecarga da tecnologia e como domá-la e gerenciá-la de forma mais eficaz.

A diferença entre estresse e esgotamento

O estresse, em geral, envolve muitos elementos: a pressão que exige muito de nós, física e psicologicamente. No entanto, quando estamos estressados, ainda podemos imaginar que, se tivermos tudo sob controle, nos sentiremos melhor. O esgotamento, por outro lado, significa sentir-se vazio, desprovido de motivação e sem preocupação. As pessoas que vivenciam o esgotamento muitas vezes não visualizam nenhuma esperança de mudança positiva em sua situação. Se o estresse excessivo é como estar no oceano, se afogando em responsabilidades, o esgotamento é o equivalente a estar perdido no deserto.

Aqui estão algumas das diferenças entre o estresse normal no trabalho e o esgotamento:

Características de estresse
- Produz pressa e hiperatividade.
- Perda de energia.
- Pode levar a distúrbios de ansiedade e colapsos.
- Pode levar a úlceras, ataques cardíacos e outras doenças físicas.

Características de esgotamento
- Produz desamparo e falta de esperança.
- Perda de motivação.
- Pode levar a indiferença e depressão.
- O principal dano é emocional.
- Pode fazer com que a vida pareça não valer a pena.
- Pensamentos comuns incluem:
    - "Qualquer dia no trabalho é um dia ruim."
    - "Preocupar-se com o trabalho é perda de energia."
    - "Grande parte do meu dia é gasto fazendo tarefas maçantes e desagradáveis."
    - "Fico exausto no final do dia."
    - "Ninguém nunca valoriza o meu esforço."
    - "Meu gerente estabelece metas irreais para mim."
    - "Todo mundo sempre quer alguma coisa de mim."
    - "Só faço isso porque paga as minhas contas."

Prevenção de estresse no trabalho

A forma mais eficaz de acabar com o esgotamento no trabalho é interromper o que estamos fazendo e começar outra atividade. Às vezes, isso significa mudar de emprego ou até mesmo de carreira. No entanto, para a maioria de nós, trata-se de uma medida extrema e não de uma opção a ser escolhida. Faz mais sentido ter consciência do nosso nível de estresse e sobrecarga que avança em direção ao esgotamento e tomar algumas medidas preventivas, tais como:

- *Esclareça as expectativas de trabalho.* Trabalhe com seu gerente ou supervisor para atualizar a descrição dos deveres e responsabilidades do cargo. Durante a discussão, você pode apontar algumas das tarefas realizadas, mas que não fazem parte das atribuições do cargo. Assim, você ganha um pequeno poder, mostrando que tem trabalhado além dos parâmetros da sua função.
- *Solicite uma mudança.* Se o local de trabalho é grande o suficiente, é possível que você possa se deslocar para um local, um escritório ou um departamento diferente. Uma pequena mudança de cenário pode ajudar a ganhar novas perspectivas.
- *Solicite responsabilidades diferentes.* Se estiver fazendo exatamente o mesmo trabalho por muito tempo, peça para experimentar alguma coisa nova: um território de vendas diferente, um novo projeto, outra função na empresa.
- *Tire uma folga.* Se o esgotamento parece inevitável, faça uma pausa completa do trabalho. Saia de férias ou solicite uma licença temporária. Você tem de fazer algo

para sair da situação. Use o tempo afastado para recarregar suas baterias e adquirir novas perspectivas.

Previna a fadiga e a preocupação e mantenha sua energia e alto-astral

Releia o Capítulo 6 para obter sugestões sobre como aliviar o estresse. É o primeiro passo para minimizar as chances de ele se transformar em esgotamento. Aqui estão, novamente, algumas das ferramentas mais valiosas para aliviar o estresse:

1. Descanse antes de ficar cansado.
2. Aprenda a relaxar no trabalho.
3. Proteja sua saúde e aparência, repousando em casa.
4. Aplique estes quatro bons hábitos de trabalho:
   a. Retire da sua mesa todos os papéis, exceto aqueles relativos ao problema imediato.
   b. Faça as coisas por ordem de importância.
   c. Ao se deparar com um problema, resolva-o naquele momento se tiver as ferramentas necessárias para tomar uma decisão.
   d. Aprenda a organizar, substituir e supervisionar.
5. Coloque entusiasmo em seu trabalho.

"Estou tão cansado que não consigo pensar direito!"

O repouso pode curar a fadiga física, mas a maioria das pessoas tem maior propensão a ficar cansada mentalmente no trabalho. O exercício físico pode aliviar a fadiga e o estresse para aqueles que trabalham com computadores ou realizam outras funções mentalmente extenuantes. Algumas maneiras de fazer isso incluem uma caminhada, natação ou corrida na hora do almoço, ou algum esporte após o trabalho.

Se a empresa tem uma sala de ginástica, use a bicicleta ergométrica ou um equipamento de musculação durante o horário de almoço ou no final do expediente. As pessoas que têm um regime regular são menos propensas a se tornarem mentalmente fatigadas.

Ajudar os outros a lidar com o esgotamento

Quando vemos um de nossos empregados ou colegas apresentar sinais de esgotamento, devemos apoiá-los em seus esforços para que possam superá-los. Podemos tomar algumas atitudes para ajudar um funcionário esgotado a se recuperar. São elas:

- Seja uma pessoa solidária. Demonstre o interesse sincero; incentive a pessoa a falar sobre a situação, avalie suas preocupações e faça um julgamento a respeito.
- Se você tem autoridade para mudar as funções no trabalho dessa pessoa, atribuindo atividades e responsabilidades diferentes ou transferindo-a para outro departamento, será possível alterar o clima em que ela trabalha e proporcionar novos canais que podem estimular a motivação.
- Dê à pessoa uma oportunidade de adquirir novas habilidades. Isso não apenas a ajuda a focar no aprendizado (em vez de nos assuntos que levam ao esgotamento), como também a torna mais valiosa para a empresa.

Se, apesar dos seus esforços, a pessoa não progredir, sugira de modo veemente uma orientação profissional.

Quando há muito trabalho a fazer

Como líderes, nossa responsabilidade é garantir que a equipe de funcionários que comandamos trabalhe em um ritmo ideal. Se eles estão entrando em processo de esgotamento, a produtividade será afetada. Isso acontece quando as empresas passam por redução de pessoal e reorganização. Há menos trabalhadores, e cada um trabalha mais tempo e mais intensamente. Antes de abordar sua equipe, analise com cuidado as atividades do grupo. Indique quanto tempo os funcionários dedicam a cada projeto e determine a importância dos projetos para a realização das metas do departamento. Reexamine e colabore com os funcionários em relação às prioridades. Decida com seus funcionários o que eles podem fazer para trabalhar de forma mais inteligente, e não mais arduamente.

Se ainda sentir, após essa análise, que o grupo tem mais trabalho do que é capaz de lidar de forma eficaz, reveja seus resultados e tente reordenar as prioridades da equipe. Pode ser possível adiar certas atividades que tomam tempo, devido à prioridade de outros projetos, redistribuir algumas tarefas para outros grupos ou autorizar a contratação de mais pessoal.

Às vezes, a pressão vem de outras equipes ou departamentos com os quais estamos colaborando. Se este é o caso, reúna-se com o líder do outro grupo para tentar elaborar um cronograma que alivie a pressão. Se não for possível chegar a um acordo, leve a questão para o gerente ou ao responsável que supervisiona ambas as equipes.

A pressão muitas vezes resulta da equipe encarregada dos projetos especiais. Não devemos ter medo de rejeitar tais solicitações. Certifique-se de que todos os funcionários estejam cientes das prioridades. Enfatize que o fato de eles rejeitarem solicitações para se voltarem a projetos especiais, fora das atividades normais da equipe, não é um indicador de preguiça ou falta de vontade de cooperar.

O processo de esgotamento

Algumas das características manifestadas pelas pessoas que vivenciam o esgotamento são:

- Elas tendem a trabalhar de modo mais árduo do que é viável física ou mentalmente para a função que estão desempenhando.
- Negligenciam suas necessidades pessoais, seus familiares e outras atividades anteriormente priorizadas, para que consigam atender às demandas do trabalho.
- Reduzem os contatos sociais a um mínimo necessário.
- O comportamento é frequentemente instável.
- Têm uma sensação de vazio em suas vidas.
- Caem em um estado de depressão profunda.

Lidar com o esgotamento

Caso comece a mostrar algumas das manifestações de esgotamento descritas acima ou as identifica em funcionários ou colegas, medidas devem ser tomadas imediatamente antes que as manifestações se tornem avassaladoras.

Há várias maneiras de lidar com o esgotamento, possíveis tanto aos indivíduos quanto às empresas. Muitos dos problemas relacionados ao esgotamento podem ser aliviados reexaminando as tarefas envolvidas e ajustando-as, ou ao fornecer ajuda aos empregados da empresa.

Dar às pessoas mais controle sobre seus trabalhos

Quando os funcionários têm algum controle sobre como fazer seus trabalhos, eles ficam menos propensos a sofrer de esgotamento. As empresas que permitem que seu pessoal participe nas tomadas de decisão sobre métodos, cotas, programação de tempo e outros fatores de trabalho descobriram que obtiveram êxito em campos como produtividade, motivação, menores taxas de absenteísmo e rotatividade de pessoal. O estresse e o esgotamento foram minimizados.

Incentive os funcionários a aprender tanto quanto possível sobre o trabalho
O primeiro passo para realizar isso é tentar alocar os empregados em funções adequadas para seus talentos e interesses, treinando-os para que tenham o domínio de suas tarefas. Quando Sal ingressou em sua empresa, foi designado como mensageiro e atendente na sala de correspondências. O trabalho era chato e tedioso, e ele saía do trabalho todos os dias com fortes dores de cabeça, além de se sentir frustrado, infeliz e depressivo. Ele queria pedir demissão, mas precisava do emprego para sustentar a família. Uma das suas funções era entregar materiais para

o departamento de informática. Ele tivera algumas aulas de computação na escola e conversava com o pessoal no departamento sobre o trabalho deles. Al, o supervisor de informática, notou o interesse de Sal por computadores e solicitou a transferência dele para o departamento. Al incentivou Sal a aprender tudo o que pudesse sobre equipamentos e software. Em poucos meses, Sal tornou-se tão preparado quanto qualquer pessoa no departamento. Ele adorava o trabalho, sentia-se confortável e confiante. Suas dores de cabeça desapareceram e ele esperava ansiosamente cada dia de trabalho.

Incentive a participação

Os cientistas comportamentais defendem há anos a integração entre a gerência e os trabalhadores. Eles mostram que, quando as pessoas participam das decisões que afetam seus trabalhos, elas têm maior propensão a se comprometer com o sucesso das decisões e menor probabilidade de resistir ao cumprimento das normas.

Uma das áreas em que esta tem se mostrado extremamente eficaz é o estabelecimento de cotas. Em muitos empregos, a cota é um elemento essencial. Aos trabalhadores de fábrica são dadas cotas de produção, por hora ou por dia; aos operadores de sistemas são dadas cotas que medem o processador de texto e a entrada de dados; e os representantes comerciais têm cotas de vendas, semanais ou mensais. Normalmente, é o chefe ou outra pessoa de nível gerencial que define essas cotas. Elas funcionam melhor quando temos as pessoas que desempenham o trabalho envolvido no processo de estabelecê-las.

Alguns gerentes ficam preocupados com o fato de que, se permitirem que os subordinados definam as próprias cotas, elas serão decididas a um nível baixo para que possam ser facilmente cumpridas. Isso não é necessariamente verdade. Quando os gerentes e os funcionários trabalham juntos para estudar os requisitos da função — como os cronogramas e outros fatores pertinentes —, são definidas cotas acessíveis, muitas vezes mais elevadas do que poderiam ter sido determinadas pela gerência sozinha. Quando as pessoas participam do estabelecimento de cotas, elas as consideram honestas e se comprometem em alcançá-las.

Incentive os empregados a sugerir melhorias

A maioria das pessoas sente que possui algum controle sobre seus empregos quando as sugestões e as ideias que dão são levadas a sério. Ninguém espera que todas as sugestões sejam aceitas, mas espera-se que sejam levadas em consideração.

O desenvolvimento de novas ideias deve ser incentivado. Deve-se solicitar aos funcionários que deem sugestões, e estas, quando apresentadas, devem ser avaliadas de forma objetiva e, se viável, testadas. Os empregados que dão sugestões podem receber um feedback sobre o status de suas contribuições, além de recompensas, em caso de serem aceitas.

Você está entediado com a vida? Então, atire-se de cabeça em algum trabalho no qual acredite, com todo o seu coração. Viva para ele, morra por ele, e você vai encontrar a felicidade que pensava que nunca poderia ser sua.

DALE CARNEGIE

Programa de Assistência ao Empregado (PAE)

Os Programas de Assistência ao Empregado foram projetados para auxiliar os funcionários a lidar com as principais causas do estresse. Quando eles mostram sinais de estresse e esgotamento, serviços psicológicos e de aconselhamento são disponibilizados. Os funcionários podem se candidatar voluntariamente para essa ajuda ou os supervisores sugerem que eles usem esses serviços. Para que os PAEs sejam eficazes, todos os assuntos discutidos devem ser mantidos em sigilo, e os empregados devem estar convictos de que o objetivo da entidade é ajudá-los a lidar com os problemas, e não um meio de controle de gestão.

Treinamento de gerenciamento de estresse

Nos últimos anos, muitas empresas instituíram o treinamento de gerenciamento de estresse como um meio de fazer com que os empregados resolvam ou gerenciem seus níveis de estresse, que podem levar a instâncias superiores de esgotamento.

Os psicólogos são convidados pela empresa para ministrar seminários sobre estresse e esgotamento como uma medida preventiva, de modo que os empregados possam identificar seus próprios sintomas e adotar ações para corrigi-los, antes que eles evoluam para o esgotamento. Em alguns programas, quando necessário, encontra-se disponível o aconselhamento individual.

Dicas para evitar o esgotamento

- Reserve algum tempo para refletir.
- Quando estiver subindo a curva em direção à sobrecarga, é hora de ser enérgico em sua estratégia de evitar que isso aconteça.
- Não assuma mais responsabilidades do que pode suportar. A maioria dos empregos tem descrições das funções, que especificam qual trabalho é exigido de você. No entanto, muitas vezes o funcionário é solicitado a assumir tarefas adicionais para ajudar os outros ou a se voluntariar para atribuições especiais. Antes de aceitar tais atribuições, analise como está gastando o tempo. Para evitar o esgotamento, você deve aprender a usar o tempo de forma otimizada, e não assumir coisas demais que não sejam significativas para alcançar suas metas.
- Muitas pessoas se envolvem em atividades fora do local de trabalho. Pode ser em uma igreja, uma associação da comunidade ou passatempos e interesses pessoais. São coisas importantes para elas, mas é necessário estabelecer um limite no tempo dedicado a essas atividades, caso contrário também podem causar opressão e, combinados com os compromissos do trabalho, levar ao esgotamento. É importante determinar um perímetro em torno dos espaços pessoais e escolher, de forma sábia, atividades que o preencham, em vez de drená-lo.
- Diminua o ritmo, elimine a pressa.
- Ser rápido é bom; ser mais rápido também é bom; mas é ruim ser rápido demais. Quando se dilata o prazo

até o limite, você corre e sacrifica a qualidade do trabalho, causando estresse aos outros, assim como a si mesmo.

- Interesse-se pelas pessoas.

Mantenha relacionamentos e cultive uma rede de amigos atenciosos. Estudos mostram que manter boas amizades é um fator importante para ter uma vida longa e saudável. Kevin Sheridan, CEO da HR Solutions, afirma que a satisfação do colega de trabalho é muitas vezes ignorada. Fazer amigos no trabalho e cultivar uma atmosfera atenciosa e divertida diminui o esgotamento, melhora o engajamento e a lealdade dos empregados, reduzindo a rotatividade de pessoal. Quando temos outras pessoas com quem podemos dividir nossos pensamentos, nossas preocupações, nossos sucessos e nossos fracassos, minimizamos os riscos de sucumbir ao esgotamento.

Dome a tecnologia

Telefones, e-mails, tablets, fax e mensagens de texto: para muitos de nós, esses equipamentos demandam atenção imediata. Isso pode nos levar ao sentimento de desgaste pela pressão constante 24 horas por dia. Em vez de essa tecnologia facilitar o nosso trabalho, nos torna escravos dela. As chamadas tecnologias que proporcionam economia de tempo geralmente não o poupam muito. Pelo contrário, elas comprimem, consomem e devoram o tempo. Para fazer com que a tecnologia seja nossa aliada, em vez de nossa inimiga, temos de domá-la.

Sete maneiras de domar a tecnologia:

1. Desconecte-se de forma seletiva. Quando for necessário se concentrar, desligue o telefone, feche o programa de e-mail ou vá para um lugar mais calmo.
2. Determine tempos sensatos para responder e-mails e atenha-se ao cronograma.
3. Desligue o som que sinaliza um novo e-mail em sua caixa de entrada.
4. Defina um espaço de tempo maior para o *timer* que verifica novas mensagens de e-mail.
5. Altere a saudação do correio de voz para indicar a sua disponibilidade. Use mensagens "fora do escritório" por e-mail.
6. Faça o possível para lidar apenas com uma única mensagem por vez.
7. Coloque as pessoas antes da tecnologia. Se estiver falando com alguém, deixe a chamada telefônica ir para o correio de voz.
8. Não seja escravo do BlackBerry, iPhone ou laptop. Discipline-se para verificar esses itens apenas em intervalos planejados anteriormente.

Não tenha medo de dar o seu melhor para o que são, aparentemente, trabalhos pequenos. A cada vez que você conquista um, você se torna mais forte. Se fizer bem os pequenos trabalhos, os grandes tendem a cuidar de si mesmos.

DALE CARNEGIE

Multitarefa

A multitarefa é o desempenho de um indivíduo na tentativa de lidar com várias tarefas ao mesmo tempo. O termo é derivado das multitarefas do computador. Os computadores são programados para fazer várias tarefas ao mesmo tempo, mas os seres humanos, não. A multitarefa pode resultar em um trabalho malfeito ou mesmo em erros graves no trabalho que está sendo realizado, e, o que é ainda mais sério, pode resultar em esgotamento.

Gail orgulhava-se de sua capacidade de ser multitarefas. Ela alegava que era capaz de lidar com várias situações ao mesmo tempo. Enquanto estava ao telefone com um cliente, digitava a resposta para outro e introduzia algumas informações no seu BlackBerry. Enquanto "participava" de uma reunião no trabalho, checava e-mails em seu laptop e respondia uma mensagem instantânea do filho. Ela considerava suas dores de cabeça constantes e sensações de náusea problemas imaginários e ficou chocada quando seu médico lhe disse que ela estava à beira de um esgotamento.

Muitos podem lidar com mais de uma tarefa por vez, mas há um limite para as capacidades físicas e mentais. Para evitar o esgotamento, devemos aprender o quanto podemos realizar e definir os objetivos de acordo com esse limite. Tentar fazer demais pode facilmente resultar em fazer muito pouco, de forma malfeita e ainda com a entrega atrasada.

PONTOS IMPORTANTES

O esgotamento é um risco ocupacional enfrentado por homens e mulheres sobrecarregados pelas exigências dos empregos.

Pode ser devido a cumprimento de prazos, adaptação a cotas despropositadas, tentativa de agradar um chefe difícil ou um trabalho sob extrema pressão. Algumas maneiras que podem minimizar o risco de esgotamento são as seguintes:

- Mude de posições dentro da empresa. Em uma empresa grande, há muitas opções. Deve-se estar sempre alerta às oportunidades em departamentos ou áreas diferentes daquelas em que você trabalha.

- Encontre pessoas com quem você se identifique. Poder compartilhar problemas, frustrações, assim como suas alegrias e realizações com colegas de trabalho, é uma maneira de ajudar a aliviar as tensões que ocorrem frequentemente quando as pessoas guardam tudo para si. Encontre pessoas que compartilham um senso de humor similar ao seu e nas quais você possa confiar inteiramente.

- Busque projetos de curto prazo. Fazer o mesmo trabalho, enfrentar os mesmos problemas e lidar com as mesmas pessoas por longos períodos de tempo tende a sufocar a criatividade e o interesse pelo cargo. Também pode levar ao tédio, o que muitas vezes é o primeiro passo para o esgotamento. Se tiver oportunidade, busque projetos rápidos e trabalhe com equipes diferentes de tempos em tempos.

- Adquira mais conhecimento e qualificação. Em muitas empresas, não há oportunidades para mudar da posição que está causando o esgotamento. Adquirir habilidades complementares abre oportunidades de transferência para posições mais interessantes.

- Tenha orgulho do seu trabalho e da importância dele. Esteja ciente do quanto o seu trabalho contribui para o sucesso da empresa, melhora as relações com os clientes ou intensifica o bem-estar da comunidade.

- Não espere. Se começar a sentir esgotamento, não espere até que ele afete o seu trabalho. Em vez disso, tente realizar mudanças positivas no emprego atual. Você deve conversar com o supervisor do departamento de recursos humanos e discutir mudanças que poderiam ser feitas para que seja possível evitar o seu esgotamento, para reenergizá-lo e torná-lo um empregado produtivo e mais feliz.

Além disso, reveja e aplique as sugestões do Capítulo 6 para aliviar o estresse.

CAPÍTULO 8

Reduzir a pressão do tempo

Algumas causas mais comuns que acarretam estresse no trabalho são a pressão constante do cumprimento de prazos, da execução do trabalho dentro do cronograma e as inúmeras interrupções que nos impedem de fazer o que esperávamos concluir no tempo dedicado ao nosso trabalho.

O gerenciamento do tempo começa com os objetivos. Se tivermos uma noção clara do que queremos, podemos estabelecer uma relação entre a importância do que temos de enfrentar e como isso se encaixa em nossos objetivos.

Se você não souber o que quer fazer, a eficácia com a qual está gerenciando o seu tempo não pode ser medida. Pergunte a si mesmo: "O que estou fazendo vai me ajudar a alcançar os meus objetivos?" Se a resposta for "não", então está perdendo o seu tempo.

Não deixe que isso o assuste. A resposta vai ser "não" com muito mais frequência do que "sim". Isso ocorre porque frequentemente somos obrigados a fazer coisas que não são produtivas. Por exemplo, em uma grande empresa, as pessoas gastam uma quantidade descomunal de tempo mantendo registros do que fazem, para que outras pessoas tenham conhecimento do que está sendo executado. Isso pode ser importante para controle, mas não adiciona nem um pouco de produtividade. Para gerenciar o nosso tempo de forma mais eficaz, devemos, primeiro, determinar se o que fazemos está relacionado ao nosso objetivo e, caso não esteja, devemos determinar se pode ser eliminado. Se não for possível, devemos reduzir a quantidade de tempo gasto com essa tarefa, de modo que possamos dedicar o tempo para questões realmente produtivas.

Orientações para o estabelecimento de objetivos claros

Para transformar os objetivos em mais do que sonhos impossíveis, devemos nos esforçar para torná-los específicos, atingíveis e, acima de tudo, claros.

Torne os objetivos claros. Indique de forma clara o que deseja realizar. Por exemplo, "melhorar a qualidade do produto" é um objetivo muito vago. Em vez disso, seja específico: "Até o final deste ano fiscal, o número de rejeições será reduzido em 23%."

Limite o escopo. A menos que os objetivos tenham uma chance razoável de serem alcançados, não tem sentido defini-los. Quebre os objetivos de longo prazo em objetivos menores, atingíveis. Por exemplo:

- *Objetivo de longo prazo:* Desenvolver um novo programa de saúde para a empresa até o dia 31 de dezembro.

- *Objetivo intermediário:* Ter informações completas sobre planos alternativos até 30 de junho.
- *Objetivo de curto prazo:* Completar a minha análise do plano atual até 31 de janeiro.

Equacionar os objetivos pessoais e os da empresa.
Os objetivos que definimos para nós mesmos e para o nosso departamento devem ser coerentes com os da empresa. Do contrário, estaremos perdendo tempo. Não importa o quanto os objetivos sejam louváveis, se não fizermos o que a empresa quer, não seremos produtivos.

Vise à flexibilidade.
Há momentos em que não é possível cumprir os objetivos que foram estabelecidos. Este não é o momento de ficar frustrado e desistir. Reveja o que aconteceu, avalie a situação e faça os ajustes necessários.

Resista com satisfação.
Uma vez atingido o objetivo, estabeleça outro que o faça se desenvolver e continuar a melhorar e crescer.

Planilha de análise do tempo

É interessante fazer uma análise do tempo para determinar como estamos gastando o próprio tempo. Uma maneira simples de fazer isso é criar uma planilha onde a jornada de trabalho é quebrada em segmentos de 15 minutos, e listar no espaço designado para cada segmento o que foi feito no período. Mantenha esse registro por vários dias. É melhor não usar dias consecutivos, visto que estamos frequentemente envolvidos em um único projeto que abrange dias seguidos. Ao escolher dois dias por semana, por cerca de três semanas, podemos obter uma visão mais abrangente de como o tempo está sendo gasto.

Ao estudar essas planilhas, pode-se avaliar a eficácia do gerenciamento do tempo. Muitas pessoas ficam chocadas ao saber quanto tempo elas gastam em trabalho duplo, produzindo papelada desnecessária, sendo cautelosas em verificar duas vezes a mesma coisa e engajando-se em atividades sociais triviais e não produtivas. Um resultado muito importante da análise de tempo é que as pessoas veem o quanto as muitas interrupções interferem no trabalho planejado e qual a proveniência delas.

Um dos problemas de fazer análises do tempo é que, às vezes, as pessoas estão tão ocupadas em seus trabalhos que se esquecem de inserir as informações na planilha. É claro que é melhor inserir os dados ao término do tempo especificado, mas, se a pessoa está concentrada no trabalho e deixa de inseri-los, então será preciso fazer isso mais tarde. Pode ser que seja necessário relembrar a situação, e é possível até mesmo perder algo. A precisão total não é tão importante quanto ter uma boa ideia de como o nosso tempo foi gasto.

Vamos examinar agora alguns dos muitos problemas que nos causam estresse quando estamos fazendo um grande esforço para usar o nosso tempo de modo mais produtivo.

Faça os trabalhos difíceis primeiro. Os trabalhos fáceis vão cuidar de si mesmos.

DALE CARNEGIE

Espere o inesperado

Em todo trabalho acontecem coisas inesperadas durante o dia. Incêndios têm de ser apagados, máquinas ou computadores quebram, o chefe tem um projeto especial, um empregado traz um problema. Esperamos que essas situações ocorram, mas nunca sabemos exatamente o que vai acontecer ou quando.

Para evitar que essas pragas atrapalhem totalmente a programação, introduza no plano uma certa quantidade de tempo para lidar com o inesperado. Ao analisar as atividades do dia durante um determinado período, conforme sugerido no item anterior, seremos capazes de especificar exatamente quantas horas são gastas para lidar com acontecimentos inesperados. Se, por exemplo, em um típico dia de oito horas forem usadas duas horas para essas emergências, então planeje apenas para um dia de seis horas. Dessa forma, o inesperado se torna esperado, e temos tempo para gerenciá-lo.

É improvável que alguém possa planejar um dia e que este ocorra exatamente como planejado. As pragas sempre estarão presentes, prontas para destruir nosso dia tão organizado. Ao estarmos conscientes desses ladrões de tempo, podemos minimizar as perdas dos minutos valiosos e chegar mais perto de usar o máximo do nosso tempo.

Procrastinação

A protelação é um dos problemas que mais frequentemente causa estresse no gerenciamento do tempo. É uma falha que a maioria das pessoas enfrenta. O porquê de elas adiarem os compromissos varia entre cada indivíduo.

Cal não tem problema quando só há um projeto para trabalhar. Porém, quando se depara com múltiplos projetos, ele adia aqueles de que menos gosta, mesmo quando eles são prioridade.

A maioria de nós é como Cal. Se temos duas coisas para fazer, com prioridade relativamente semelhante, qual realizar primeiro? A maioria das pessoas faz a que elas gostam mais, e isso é um erro. É um erro tanto em termos pragmáticos quanto psicológicos.

Se fizermos a tarefa que preferimos primeiro, vamos ter de fazer a outra que não nos agrada depois. Se não gostamos dela, há uma forte probabilidade de que não a realizemos muito bem. E quando finalmente começamos a executá-la, estamos com o prazo apertado. Agora nós temos três contratempos. Contratempo 1: não gostamos da tarefa. Contratempo 2: não a executamos muito bem. Contratempo 3: o prazo. Entretanto, se nos livrarmos logo daquela tarefa de que não gostamos, quando estivermos diante do prazo, trabalharemos com algo que nos agrada e que fazemos bem e, portanto, temos apenas um único contratempo: o prazo. E vamos vencê-lo!

Psicologicamente, se fizermos primeiro a tarefa de que gostamos, nem mesmo teremos prazer em fazê-la. Todo o tempo em que estivermos trabalhando nela, vamos pensar: "Quando terminar isso, tenho de enfrentar aquele trabalho horrível." Se o tirarmos do caminho primeiro, podemos esperar ansiosos pela tarefa agradável.

———

Não tenha medo de dar o seu melhor para o que são, aparentemente, trabalhos pequenos. A cada vez que um é conquistado, você se torna mais forte. Se fizer bem os pequenos trabalhos, os grandes tendem a cuidar de si mesmos.

DALE CARNEGIE

Medo do fracasso

Outro motivo comum para protelar tarefas é o medo do fracasso. Um bom exemplo é Kim, que parece nunca ser capaz de dar início a um projeto. Ela acha centenas de desculpas para adiar. Talvez Kim seja preguiçosa, mas o mais provável é que ela tenha algum motivo subconsciente para atrasar o início. Talvez ela simplesmente não goste do trabalho. Ou talvez tenha medo de não fazê-lo direito e, portanto, enrola. Kim é uma daquelas pessoas que não assumem riscos, de modo que nunca consegue dar início até que seja cutucada pelo chefe. Se ela tem quaisquer dúvidas sobre uma tarefa, não vai começá-la até que se sinta absolutamente segura. Ao que tudo indica, essas dúvidas fazem sentido, mas, se Kim não adquirir mais confiança em suas capacidades, nunca vai acabar com a procrastinação.

Inércia

O chefe de Patti está preocupado com sua frequente incapacidade para cumprir prazos. A cada manhã, Patti gasta um tempo considerável "organizando" o seu trabalho. Ela mistura os papéis e escreve guias para cada pasta, de diversas cores. Feito isso, ela pega uma xícara de café, conversa com os colegas de escritório e, finalmente, começa a trabalhar.

Em sua avaliação de desempenho, seu chefe indica que essa é uma das áreas em que ela deve melhorar. Ele a pressiona para trabalhar com mais afinco, de forma mais inteligente e com maior rapidez. Então, Patti trabalha com mais afinco, mais inteligência e mais rapidez, porém, ainda assim, não cumpre os prazos. Por quê? Tanto Patti quanto seu chefe estão considerando o sintoma: o não cumprimento de prazo. Eles devem contemplar a causa real: levar muito tempo para dar início, ou seja, o fato de protelar o início. Ao começar antes, ela não teria de trabalhar nem mais rápido nem de forma mais árdua para cumprir o prazo.

Para superar essa inércia, Patti deve apenas observar o que faz antes de iniciar um projeto. Isso vai torná-la consciente do tempo perdido em "organização". O raciocínio dela era que, se organizasse cuidadosamente o trabalho, este fluiria de forma mais suave e ela poderia realizá-lo mais tarde. É importante organizar o trabalho, mas Patti organizava excessivamente. Ela deve aprender como preparar de forma menos elaborada. Uma maneira de fazer isso é estabelecer um prazo para cada fase do projeto, em vez de apenas um único prazo para a conclusão do trabalho como um todo. O primeiro prazo, e o mais importante para Patti, será a organização. Desta forma, ela pode medir quanto tempo é necessário para a preparação e observar se está excedendo esse tempo.

A procrastinação não é não conseguir cumprir prazos. Como observamos no caso de Patti, a procrastinação é não conseguir dar início às atribuições.

A maneira como Dick aborda uma atribuição é outro exemplo disso. O chefe passa a Dick um projeto com prazo de oito semanas a contar daquele momento. Dick pensa: "Oito semanas, isso é bastante tempo", e então o atira na gaveta, com outros projetos de longo prazo. Algumas semanas depois, ele considera esse projeto novamente. "Ainda tenho muito tempo para isso", pensa, atirando-o de volta na gaveta. Um dia ele pega o projeto e percebe que o prazo está terminando e se vê correndo para executá-lo.

Quando lhe for dada uma atribuição de longo prazo, estude-a imediatamente. Considere suas outras prioridades, os recursos disponíveis e os problemas que você pode enfrentar com base na experiência anterior com esse tipo de atribuição. Estabeleça uma data para início. Digamos que seja um projeto de seis semanas e, portanto, estabeleça a data de início de acordo com o prazo. Se puder, defina também prazos intermediários para cada parte do projeto.

Agora você pode esquecer isso até a data de início, ou seja, o primeiro dia do próximo mês. Quando o primeiro dia chegar, olhe para o calendário e observe que é hora de dar início ao projeto. E, então, vamos começar? Diga não para o procrastinador! Estes vão encontrar todas as desculpas imagináveis para evitar começar o projeto. Esse tipo de pessoa precisa de alguém que a estimule a dar a partida.

Quem deve fazer o papel de motivador? Certamente, não seria o seu chefe. Não seria uma medida sábia. E nenhum de seus subordinados, pois não seria prudente. Você tem de encontrar outro protelador para que se tornem parceiros no jogo de estímulo. Você e seu parceiro devem fazer questão de manter cópias dos cronogramas um do outro. Quando o primeiro dia do mês chegar, seu parceiro vai perguntar:

— Você começou o projeto?

— Ainda não. Eu tenho muitas outras coisas para fazer.

— Comece agora! — seu parceiro insiste, e você faz o mesmo com ele.

Dê incentivos a si mesmo

Outra abordagem é criar incentivos para si mesmo. Carol tem dois defeitos que a atormentaram durante toda a vida adulta: ela é uma procrastinadora e precisa manter uma dieta de controle de peso. No entanto, a própria Carol trai a si mesma. "Eu adoro sobremesas cremosas", ela confessou.

Para lidar com isso, Carol combinou as soluções para ambos os defeitos. Agora ela apenas se permite uma sobremesa, e somente se cumprir os prazos iniciais e intermediários em seus projetos. Ela disse: "Eu não tenho muito projetos e, portanto, me traio muito menos. Mas, agora, quando vejo uma atribuição na minha agenda, sei que, se cumpri-la naquele dia, à noite terei direito a uma sobremesa."

Não é necessário que seja comida, mas, se prometemos a nós mesmos uma recompensa, ficamos mais propensos a fazer o esforço para superar a procrastinação.

Não reforce a procrastinação em seus subordinados

É manhã de terça-feira. Karen dá uma atribuição para Nancy:

— Nancy, este trabalho deve demorar apenas cinco ou seis horas, mas eu preciso dele pronto ao meio-dia na sexta-feira.

O problema: trata-se do tipo de trabalho que Nancy detesta realizar.

Na quinta-feira, Karen verifica:

— Como vai aquela tarefa, Nancy?

— Não comecei ainda.

— Você não começou? — Karen pergunta, incrédula.

— Ainda estou trabalhando na tarefa que você me deu antes dessa.

— Me dá isso de volta — responde Karen, perdendo a paciência. — Vou pedir para a Amanda fazer.

Karen deixou apenas uma mensagem à sua funcionária: se você não gosta de algo, enrole, pois, dessa maneira, o chefe vai tirá-lo de você. Ela devia ter dito: "Pare o que você está fazendo. Vou deixar a Amanda terminar o que você está fazendo para você começar a trabalhar nisso imediatamente." Assim, Nancy teria recebido uma mensagem diferente.

Nem todo problema pode ser evitado

Harry sabia que o projeto para o qual fora designado estava cheio de armadilhas. Da última vez em que recebeu um projeto similar, surgiram problemas em todas as etapas do percurso. Ele detestou ter de enfrentar isso novamente e protelou o início do trabalho, na esperança de que seria cancelado ou adiado. Porém, suas expectativas eram ilusórias. Quando finalmente deu início ao projeto, havia muito menos tempo para lidar com as complexidades, e, por isso, não conseguiu terminar no prazo.

Todos nós sabemos, a partir da experiência pessoal, que nenhum projeto está livre de problemas e que eventos inesperados acontecem. Isso deve ser encarado como um desafio, e não como um obstáculo, e tem de ser considerado na definição do cronograma.

Quando confrontada com uma situação semelhante, Naomi avaliou a atribuição anterior em que ela havia enfrentado as mesmas complicações. Ela fez uma relação das áreas em que fatores semelhantes poderiam surgir e planejou como superá-los.

Em vez de ficar remoendo sobre a dificuldade da situação e protelar seu início, Naomi usou o tempo para se preparar para dominar as dificuldades previstas antes de elas se materializarem.

Quando não gostamos do trabalho

Keith é gerente de vendas regional de uma empresa e cobre três estados. Ele trabalha fora da sua cidade. Na maior parte do tempo, ele trabalha na rua, mas gasta cerca de três dias, ao final de cada mês, compilando um complexo relatório de vendas. Esta é a única parte do trabalho que ele realmente não gosta. No entanto, não há ninguém para quem isso possa ser delegado. Todo mês, Keith mantém o hábito de adiar a preparação desse relatório e aparece com outros projetos que também devem ser apresentados. Seu chefe o informou que não vai mais tolerar relatórios atrasados.

Keith sabia que o fato de ele não gostar da tarefa não era desculpa. Era preciso encontrar alguma forma de gerar suficiente entusiasmo pelos relatórios de vendas para começar a fazê-los. Quando leu sobre um programa de computador que convertia estatísticas em gráficos coloridos, ele persuadiu o chefe a permitir a apresentação de seus relatórios nesse novo formato. Entusiasmado com a nova tecnologia, ele converteu o que era uma tarefa chata e temida em algo desafiador e gratificante.

Se você não teve êxito em algo que precisou fazer, não desista e aceite a derrota. Experimente fazer outra coisa. Você tem mais de um talento. Basta descobrir qual é.

DALE CARNEGIE

O tormento da caixa de entrada

A caixa de entrada que a maioria das pessoas enfrenta a cada manhã, quando chega ao trabalho, é um dos maiores agentes tomadores de tempo. Seja a do computador ou até mesmo uma física na mesa de trabalho, ela está sempre cheia de memorandos, cartas, relatórios, folhetos e inúmeros outros pedaços de papel. Quando achamos que temos isso sob controle, chega um novo lote de papel ou de e-mails.

Quando olhamos para a caixa de entrada transbordando em nossa mesa ou todos os e-mails marcados como não lidos, podemos sentir que estamos prontos para desistir de tudo. À medida que o trabalho continua sendo acumulado mais e mais, é de se imaginar como poderemos mergulhar no crescente volume de trabalho. Aqui estão algumas sugestões:

Estabeleça prioridades.
Para gerenciar o volume de trabalho de forma mais eficaz, devem ser estabelecidas prioridades. No entanto, isso não é tão simples. O que podemos achar que é de alta prioridade pode ter menor importância aos olhos do chefe. É necessário que se tenha uma compreensão clara do que é desejado pelos níveis

superiores antes de determinarmos a importância relativa dos projetos com os quais estamos envolvidos.

Alguns especialistas em gerenciamento do tempo recomendam classificar o trabalho que deve ser realizado em categorias A, B e C. "A" para os mais importantes, "B" para o próximo nível e "C" para o trabalho de rotina. Todos os assuntos irrelevantes são classificados como "D" e podem ser deixados de lado, delegados a outros ou totalmente ignorados.

Por exemplo, quando Diane chega toda manhã, ela faz uma breve análise do trabalho em sua mesa e dos e-mails que a aguardam para determinar em qual categoria de prioridade eles se encaixam. Uma carta ou e-mail de um cliente a respeito de uma mudança em seu pedido recebe um "A"; uma mensagem de telefone de um fornecedor sobre alguns novos itens que podem ser de interesse recebe um "B"; um relatório de vendas mensal é classificado como "C"; para folhetos, boletins, newsletters etc. são dados "D". Ela leva no máximo dez minutos para categorizar os itens. Depois, pode se concentrar nos itens "A"; uma vez isso feito, passar para os "B" e assim por diante.

Concentre-se na mensagem, e não no meio de contato.
Quando Diane estava analisando seus itens pendentes, notou que dois deles haviam sido enviados por fax. A primeira reação dela foi dar a eles alta prioridade. Afinal de contas, eram faxes. Mas, então, ela se lembrou do treinamento sobre priorização. Julgue a mensagem não pelo modo como foi enviada, mas pelo conteúdo.

Marshall McLuhan, um especialista em comunicações, advertiu-nos que não devemos ser excessivamente influenciados pelo meio através do qual recebemos as informações, mas que devemos nos concentrar na mensagem.

Apenas o fato de a correspondência ter sido recebida via e-mail, SMS, fax ou algum outro sistema de entrega rápida não significa que ela seja mais importante do que a correspondência entregue através dos canais regulares. Hoje, muitas pessoas e empresas usam esses sistemas de entrega rápida para assuntos de rotina. Leia o conteúdo e dê o devido tratamento de acordo com a importância *real*.

Interrupções

Estabelecidas as prioridades, Diane começa a resolver os problemas da lista "A". Enquanto trabalha em seu computador, recebe vários avisos de novos e-mails. Uma pessoa menos disciplinada do que Diane pararia tudo e iria se dedicar aos e-mails não lidos. Ela treinou a si mesma para completar um projeto sempre que possível, antes de passar para outro. Há interrupções suficientes de chamadas telefônicas e de visitas do chefe ou de outras pessoas que não podem ser evitadas, porém, papelada e e-mails podem normalmente esperar.

Quando completa o que está fazendo, Diane então filtra e classifica rapidamente os materiais novos. Se algo de natureza urgente está na caixa de entrada, ela lhe dá uma prioridade maior do que alguns dos materiais classificados anteriormente.

Algumas pessoas reclamam que nunca conseguem chegar ao fim das caixas de entrada. "Assim que apareço para fazer uma tarefa, outra batelada de trabalho é arremessada", elas se queixam.

Infelizmente, isso não é incomum. A maioria das empresas está tão atolada de trabalho que os funcionários e os diretores não conseguem dar conta de todo o serviço. Às vezes, contratar pessoal pode ajudar. Entretanto, em um ambiente empresarial, que está se tornando cada vez mais consciente sobre custos, isso nem sempre é viável. Temos de aprender a trabalhar de modo mais inteligente.

Hoje, muita papelada pode ser simplificada ou até mesmo eliminada, fazendo-se uma análise criativa sobre como está sendo utilizada. Aqui estão algumas sugestões para tirar as coisas da caixa de entrada mais rapidamente:

Não responda um memorando com outro memorando.
Você recebe um memorando de um gerente da empresa para pedir que forneça determinadas informações. Em vez de responder com um memorando novo, apenas responda na parte inferior do memorando original. Se precisar de uma cópia, providencie-a para tê-la em seus arquivos.

Delegue a correspondência.
Frequentemente, as informações solicitadas em uma carta ou e-mail têm de ser obtidas com outro membro da equipe. Pouparia um tempo considerável se delegássemos a atribuição a alguém e, este, em vez de passar as informações para nós, respondesse diretamente para o emissor.

Ao estabelecer prioridades e ater-se a elas, você vai se tornar o mestre da caixa de entrada virtual, em vez de escravo dela. Ao julgar o conteúdo das mensagens recebidas, e não o meio pelo qual elas foram enviadas, você tomará melhores decisões quanto às prioridades, de modo que possa efetuar, primeiro, as coisas mais importantes. Ao reavaliar de forma criativa os métodos usados para lidar com a papelada e os e-mails, você poderá eliminar o desperdício de tempo e tornar-se mais produtivo.

E-mail, SMS e comentários de blog

Nos últimos anos, os meios de contato têm sido substituídos, principalmente, pela comunicação eletrônica. Além de ter de lidar com o correio tradicional, somos inundados com e-mails, SMS e outros dados eletrônicos. Para manter o controle sobre isso, siga as mesmas regras de lidar com papelada. Lembre-se: conforme mencionado anteriormente, concentre-se na mensagem, não no meio.

Não tenha medo de delegar

Uma das melhores maneiras de evitar o estresse devido ao excesso de trabalho é delegar trabalho para os funcionários. Para fazer isso, devemos ter confiança suficiente neles, para saber que as atribuições serão realizadas de forma satisfatória e rápida.

Claro, somos responsáveis pelo que se passa em nosso departamento, mas se tentarmos fazer tudo por conta própria teremos uma jornada de 12 ou mais horas por dia. Isso pode levar ao esgotamento e úlceras, ou mesmo ataques cardíacos e colapsos nervosos.

Há certas coisas, é claro, que apenas nós mesmos podemos fazer, decisões que apenas nós podemos tomar, e áreas críticas com as quais apenas nós sabemos lidar. É onde ganhamos nosso sustento. Muitas das atividades que assumimos, no entanto, podem e devem ser passadas para outros. Aqui estão alguns dos motivos pelos quais podemos hesitar em delegar:

- Podemos fazer melhor do que os nossos funcionários. Esse pode ser o caso, mas o tempo e a energia devem ser gastos com coisas mais importantes. Os funcionários foram contratados porque têm talentos e habilidades que contribuem para o desempenho do grupo. Ao delegar atribuições, nós lhe damos oportunidade de usar suas habilidades. A delegação nos permite posicionar o trabalho a certo nível de responsabilidade, ajudando tanto a nós quanto aos funcionários a expandir as habilidades e contribuições.

- Adquirimos uma grande satisfação por um determinado serviço e hesitamos em preteri-lo. Todos nós apreciamos certas coisas no trabalho e relutamos em designá-los a outras pessoas. Olhe para a tarefa de forma objetiva. Mesmo que seja um projeto muito estimado, temos de delegá-lo caso nosso tempo precise ser empregado para tratar de outras atividades que agora estão sob nossa responsabilidade.

- Estamos preocupados com o fato de, se não fizermos nós mesmos, o trabalho não vai sair bem-feito. Ao contratar, treinar e desenvolver as habilidades da equipe, preparamos um grupo que, pode ter certeza, cumprirá o que precisa ser feito.

Diga "não"

Quando Sally era solicitada a assumir uma atribuição ou a ajudar um colega, ela sempre aceitava. Com o tempo, ela ficou tão sobrecarregada com essas atribuições especiais que o seu próprio trabalho foi afetado, e ela se tornou tensa, cansada e a ponto de sofrer um esgotamento.

Felizmente, a gerente de recursos humanos reconheceu o problema e a aconselhou:

— Sally, você está dando um passo maior do que as pernas — disse ela. — No mês passado, além da sua carga de trabalho, você concordou em ajudar Sam com o projeto dele e se ofereceu para trabalhar na comissão do piquenique da empresa.

— Bem — respondeu Sally. — Sam precisava de ajuda e, quando ele me pediu, não pude negar. Quanto à comissão do piquenique, eu estava nela no ano passado e então, quando o presidente me perguntou, achei que tinha de concordar.

— Sally, você tem boa intenção, mas, se quiser contribuir com o seu melhor trabalho para a empresa e também manter sua saúde física e emocional, será necessário aprender a dizer "não".

Ela percebeu que ser querida pelos outros ou sentir a obrigação de assumir atribuições que não eram congruentes com os objetivos dela e com os do seu departamento eram sentimentos destrutivos. Foi preciso disciplina da parte dela e incentivo dos colegas, mas ela aprendeu a rejeitar os pedidos de modo diplomático.

PONTOS IMPORTANTES

Um dos motivos mais frequentemente relatados que contribuem para o estresse no emprego é a pressão do tempo. Seja no cumprimento de prazos, na realização de projetos especiais ou em simplesmente ter de lidar com a quantidade de trabalho a cada dia, se o tempo não for gerenciado de forma eficaz, ele vai nos exaurir.

Ao seguir estas práticas básicas, o tempo pode ser gerenciado da melhor forma e reduzir o estresse no trabalho:

- Estabeleça objetivos que sejam realistas e significativos.
- Priorize. Classifique o trabalho de acordo com a importância dele na realização dos objetivos estabelecidos pela empresa, pelo seu chefe e por você mesmo.
- Avalie como você gasta o seu tempo. Faça análises periódicas de como os seus dias são preenchidos. Aprenda quais atividades podem ser eliminadas, melhoradas ou tratadas de forma mais prática.
- Identifique quais interrupções o afligem e trabalhe para minimizá-las.
- Evite a procrastinação (protelar o início de atividades). Procrastinar não é terminar um projeto no prazo, é não começar em cima do prazo.
- Não tenha medo de dizer "não".
- Ao lidar com papelada, e-mails, SMS etc., defina prioridades com base na mensagem e não no meio através do qual ela foi enviada.
- Delegue. Não podemos fazer tudo sozinhos, nem devemos. Organize uma equipe de funcionários competentes de modo que possamos ter a certeza de que o que é designado será feito.

CAPÍTULO 9

Adapte-se à mudança

Quando confrontados com mudanças nos métodos para realizar coisas em nossas vidas pessoais ou profissionais, nós nos preocupamos. Estamos acostumados a fazer as coisas de uma maneira e, então, exigem que façamos de outra forma. Isso é preocupante no trabalho, onde o desempenho é observado e avaliado constantemente pelos chefes. Nós desenvolvemos confiança nos nossos estilos de trabalho e, agora, somos instruídos a mudar.

Ficamos ainda mais preocupados quando não sabemos quais mudanças podem ser feitas. Isso é particularmente preocupante quando temos um novo chefe, quando recebemos uma nova atribuição ou o departamento em que trabalhamos é reorganizado.

Individualmente, temos uma variedade de reações a mudanças, dependendo de como percebemos que elas afetam a nós e à empresa. Devemos enfrentar o desafio da adaptação na empresa ajustando nossas atitudes, nossas emoções e nós mesmos.

A maioria de nós experimenta de alguma forma o medo em um ambiente de trabalho em processo de mudança. Não sabemos se a mudança terá um impacto positivo ou negativo sobre nós, nem como o futuro se enquadra no plano de gerenciamento de mudanças da empresa ou se o trabalho que temos feito terá valor daqui em diante. Para ter sucesso durante tempos de mudança, precisamos achar formas de trabalhar com os medos que sentimos.

Zona de conforto

Vivemos em determinadas zonas de conforto no trabalho. Há aspectos das nossas carreiras com os quais nos sentimos cômodos e confiantes. Outras responsabilidades de trabalho provocam ansiedade e passam a sensação de estarmos fora da zona de conforto. As pessoas de sucesso se preparam para serem empurradas para fora das zonas de conforto repetidas vezes à medida que aumentam sua experiência e sua responsabilidade e à medida que tentam se adaptar à mudança do trabalho.

Lidar com a mudança não é fácil. Isso muitas vezes significa abandonar a velha maneira de pensar como trabalhamos. A função que exercemos, daqui em diante, pode ser bem diferente do que pensávamos que seria. Para que a mudança seja bem-sucedida em toda a empresa, todos precisam ser o mais flexíveis possível. Isso pode ser um grande desafio algumas vezes, especialmente se sentirmos que somos empurrados em uma direção para a qual não queremos ir, ou até mesmo que estamos dando um passo para trás temporário na carreira.

Controle de atitude

Em tempos de mudança, nossas atitudes tomam uma verdadeira surra. Nós não apenas nos sentimos inseguros e desconfortáveis, mas, às vezes, temos problemas reais com a mudança e não nos sentimos positivos em relação a ela. Certo dia podemos lidar bem com isso. Em outro, os medos e ressentimentos oprimem nossos pensamentos positivos, e perdemos o controle. Quando isso acontece, contribuímos pouco ou nada para o processo de mudança.

Ao longo da carreira de qualquer pessoa, funções e responsabilidades vão mudando. Liderar equipes, presidir reuniões, comunicar a visão e a missão (seja pessoal ou da empresa), tudo isso são desafios que enfrentamos à medida que nossas carreiras progridem. Nesse cenário de carreira em constante mudança, a capacidade de ser verdadeiramente adaptável pode ser mais importante do que qualquer outra habilidade na determinação do sucesso consistente e de longo prazo. Os princípios a seguir vão nos ajudar a repensar os padrões de forma produtiva:

1. Ajuste as expectativas.

Você esperava por uma promoção este ano, mas as condições econômicas estão ruins e a empresa está enfrentando problemas internos. Talvez seja necessário ajustar as expectativas em relação àquela promoção para o próximo ano ou talvez até para mais tarde.

Outro exemplo: você tem um bom relacionamento com seu chefe. Ele aprecia o trabalho que você faz, o incentiva a melhorar e a adquirir habilidades adicionais que possam levá-lo à promoção. No entanto, você acabou de saber que ele vai ser transferido e que não vai mais se reportar a ele. Daí surge a preocupação de que seja difícil trabalhar com o novo chefe e ter uma boa relação com ele. Em vez de se preocupar, você deveria reconhecer as diferenças no estilo de gestão do novo chefe e ajustar o seu trabalho de acordo com ele.

2. Antecipe as possíveis mudanças antes que elas se tornem evidentes.
Esta é uma estratégia fascinante e gratificante na adaptação à mudança. Sempre presuma que a mudança está logo ali na esquina. Quem de nós gostaria de aprender ou aprender ainda mais, se essa mudança viesse a ocorrer? Comece a desenvolver esses relacionamentos agora e construa uma grande rede de relacionamentos para apoio e incentivo.

3. Pratique a paciência.
Quando se trata de mudar, muitas vezes queremos acabar com isso o mais rápido possível. O ciclo de mudança no mercado de trabalho muitas vezes leva mais tempo do que esperamos. A mudança tem de ser comunicada, integrada, e é preciso que exista um tempo de adaptação de todas as funções organizacionais adjacentes. E os indivíduos, da mesma forma, precisam de tempo para se adaptar à mudança nos ambientes de trabalho.

4. Seja ousado.
Assuma a mudança como um desafio. Homens e mulheres que lidam com as mudanças no trabalho de forma bem-sucedida estão dispostos a correr riscos. Devemos estar dispostos a fazer

parte do planejamento e da preparação, envolvendo os outros no processo e traçando novos horizontes para carreiras que podem surgir como resultado da mudança.

Stanley tinha sido um especialista em controle de qualidade durante oito anos. Ele era bom no trabalho que fazia e antecipava promoções no seu departamento no tempo devido. Acompanhava os desenvolvimentos em sua área através de leitura de jornais e participava de reuniões da filial local da Sociedade Americana de Qualidade (ASQ). Em uma dessas reuniões, ele foi informado sobre o método Seis Sigmas de controle de qualidade, que a General Electric e muitas outras empresas usavam com grande resultado. Ele procurou ler sobre esse novo método e convenceu a empresa em que trabalhava a enviá-lo para seminários sobre o assunto. Alguns anos depois, quando sua empresa decidiu usar o método, ele foi o mais qualificado para ser promovido, fazendo sua instalação e realizando o gerenciamento.

5. Pratique descontentamento construtivo,

Todos nós ouvimos a expressão: "Não se mexe em time que está ganhando." Esta é uma visão curta. Isso não significa que tudo o que fazemos precise ser mexido, mas nada também será consertado se de tempos em tempos não olharmos para o que fazemos e não perguntarmos a nós mesmos: "Como eu poderia mudar para melhor? Como a empresa poderia mudar para melhor?" Em vez de expressar descontentamento de forma destrutiva, ao comprometer os esforços de mudança, precisamos estar abertos a novas ideias, métodos e abordagens para o trabalho.

6. Tente algo novo a cada dia.

Uma vez expulsos da zona de conforto, tendemos a tentar construir uma nova o mais rápido possível. O sentido de derrubar paredes velhas é simplesmente construir novas? Estabeleça um desafio para tentar pelo menos uma nova maneira de se adaptar para mudar a cada dia. Torne-o um esforço positivo e produtivo.

7. Peça opiniões.

Outras pessoas em nossa empresa podem ter visões diferentes em relação às formas com as quais podemos nos adaptar melhor à mudança. Peça ideias, sugestões e feedbacks sobre como estamos nos adaptando. Os períodos de mudança são momentos de construir pontes, não muros. São tempos de estarmos abertos às opiniões, e não na defensiva.

Quando buscamos conselhos ou sugestões, não estamos limitados às pessoas da nossa própria empresa. Desenvolva uma rede de fornecedores de informações. Quando Dorothy conseguiu o primeiro emprego como assistente de recursos humanos, ela entrou para o departamento local da Sociedade para Gestão de Recursos Humanos. A cada reunião de que participava, em vez de sentar com as pessoas que conhecia, ela se juntava a pessoas de grupos diferentes. Após a reunião, ela fazia observações sobre cada uma dessas pessoas e as inseria no arquivo da rede de contatos. Com o passar dos anos, quando se deparava com um problema, ela verificava esse arquivo em busca de membros que tinham discutido problemas similares nas reuniões e os chamava para discutir a situação. Isso deu a Dorothy uma ampla gama de recursos à medida que crescia na carreira.

> Não deixe que nada o desanime. Siga em frente. Nunca desista. Esta tem sido a política da maioria das pessoas bem-sucedidas. É claro que o desânimo surgirá. O importante é superá-lo. Se você fizer isso, o mundo é seu.
>
> DALE CARNEGIE

Não tenha medo de enfrentar a mudança

Quando nos deparamos com a mudança, é fácil pensar que não precisamos dela, que não a queremos, que não conseguiremos nos adaptar ou que simplesmente não faremos isso. Todos os dias vemos exemplos de pessoas que assumem essas atitudes. Elas são comuns em tempos de mudança. No entanto, também são improdutivas e difíceis de levar ao sucesso ou ao reconhecimento. Para que nos adaptemos à mudança, precisamos confrontar essas atitudes que nos desaceleram e substituí-las por atitudes que englobem a mudança que está ocorrendo.

Motivação para a mudança

Isso tem início no momento em que a empresa encontra uma motivação para a transformação que será realizada. Às vezes, ela é conduzida por questões externas, como reorganizações, mudanças de gestão, recolocações ou novas aquisições/fusões. Em outros momentos, são forças internas que conduzem à mudança, como a tecnologia atualizada, expansões e crescimento ou melhoria contínua.

Para tornar a mudança eficaz, siga estas orientações:

Analise a situação.
Faça uma análise minuciosa dos riscos e oportunidades associados à mudança proposta. Pergunte:
- Quais são os ganhos potenciais na execução da mudança?
- Quais são os custos?
- Quais são os riscos de fazer a mudança?
- Quais são os riscos de não fazer a mudança?

Planeje a direção.
Uma vez tomada a decisão de que as oportunidades são maiores do que os riscos de fazer a mudança, é desenvolvido um plano para a sua implementação. Muitas iniciativas de mudança organizacional falham devido à falta de um planejamento cuidadoso e minucioso. Nesta etapa, o palco está montado tanto para o sucesso quanto para o fracasso. Os elementos principais do plano devem incluir:
- O planejamento do impacto que a mudança exerce sobre os indivíduos que serão mais afetados.
- O planejamento do impacto que a mudança exerce sobre os sistemas da empresa que serão os mais afetados.
- Um planejamento passo a passo para integrar a mudança na organização.

Implemente a mudança.
Dependendo do tipo e do escopo da mudança, a implementação na empresa pode ser gradual ou abrupta. As mudanças, tais como demissões ou aquisições, muitas vezes são implantadas com pouco tempo de aviso prévio, enquanto as mudanças de

funcionários, reorganização ou tecnologia podem ser aplicadas através de etapas, ao longo de um período de tempo. O papel mais importante da equipe, nessa etapa do processo de mudança, é manter transparência e franqueza na comunicação.

- Defina as responsabilidades individuais.
- Anuncie e lance a mudança.
- Respeite os cronogramas.
- Promova os benefícios aguardados.

Avalie a direção.

Uma vez implantada a mudança, devemos monitorar os resultados da nova estrutura e do novo sistema. Não podemos pressupor que a mudança vá evoluir exatamente como planejada ou que cada indivíduo afetado por ela reaja como previsto. Nosso papel é verificar os pontos da avaliação que revelarão se a mudança está funcionando como previsto e se está produzindo os resultados esperados.

- Estabeleça maneiras de medir os resultados.
- Anuncie os critérios para os resultados bem-sucedidos da mudança.
- Coordene a coleta e a medição dos efeitos da mudança.
- Informe os membros-chave da equipe de forma consistente durante o processo de avaliação.

Integre as mudanças às normas organizacionais.

Depois de avaliar a implementação da mudança e da sua conclusão ter sido bem-sucedida conforme o planejado, ela é adotada e passa a fazer parte da nova norma organizacional. O processo de avaliação não está terminado, mas faz uma transição para o acompanhamento contínuo dos sistemas e das relações alterados da empresa. Devemos nos fazer as seguintes perguntas:

- Até que ponto a mudança está cumprindo os resultados planejados?
- Até que ponto me adaptei ao novo *status quo*?
- Quais aspectos da mudança não satisfizeram as expectativas?
- Qual é o meu papel para tornar esses aspectos mais bem-sucedidos?

Faça os ajustes necessários.

Se o processo de revisão concluir que a mudança não está funcionando conforme o planejado, é preciso que sejam feitos ajustes para que ela seja implantada corretamente. Pressupondo-se que a análise e o plano de mudança foram executados de forma precisa, devemos ser capazes de ajustar sua implantação organizacional, a fim de alcançar os resultados desejados.

- Determine onde os resultados são insatisfatórios, de acordo com o plano.
- Envolva indivíduos-chave para determinar ajustes necessários.
- Mantenha os canais de comunicação abertos com todos os envolvidos.
- Faça ajustes para o processo de revisão assim como a implementação da mudança.

A pessoa que vai mais longe é geralmente aquela que está disposta a fazer e ousar. O barco seguro nunca se afasta muito da margem.

DALE CARNEGIE

Categorias da mudança organizacional

Quando as empresas passam por mudanças, todas as pessoas que passaram diretamente por esse processo são afetadas. Ao mantê-las informadas sobre a parte de cada um na mudança, a preocupação delas diminui com os efeitos sobre os seus cargos. As mudanças mais comuns no local de trabalho incluem:

Mudanças na estrutura organizacional.
Isso inclui mudanças nas responsabilidades, revisão de estruturas de relatórios, recolocações físicas e grandes como fusões e aquisições. As mudanças muitas vezes fazem com que as pessoas envolvidas se sintam deslocadas e desconfortáveis. A comunicação e o apoio pessoal são elementos-chave para lidar com esse tipo de mudança organizacional.

Produtos, serviços e processos novos ou atualizados.
Adicionar novas linhas de produtos e serviços é uma mudança positiva para uma empresa, mas provoca impacto em todos, desde a fabricação até o estoque, armazenagem, serviço e vendas. A gerência deve manter canais abertos de comunicação e acesso às novas informações.

Mudanças na liderança.
A organização típica nos dias de hoje encontra-se em um estágio de constante transição de promoções, transferências, aposentadorias, demissões e reorganizações. Tudo isso resulta em mudanças de gestão. O desafio de gerenciar essas mudanças é encontrar a química certa entre a gerência e os funcionários, e construir a confiança o mais rápido possível.

Novas tecnologias.
À medida que a tecnologia evolui, em um ritmo cada vez maior, os indivíduos e as equipes lutam para ficar à frente das mudanças. As pessoas podem se sentir sobrecarregadas e ineficientes.

Gerencie-se durante a mudança organizacional

Como líderes, espera-se que tenhamos respostas apropriadas para a mudança. Outros dentro da empresa olham para nós querendo saber como reagimos à mudança no local de trabalho. Se demonstrarmos preocupação ou estresse em relação às mudanças, seus próprios medos serão reforçados. Precisamos nos lembrar de manter o controle das nossas ações e atitudes.

1. Evite a autoconversação negativa. Reformule os pensamentos de ressentimento ou medo em pensamentos de crescimento individual e de oportunidades.
2. Seja aberto em relação às suas preocupações. Permita que os outros entendam o seu estado de espírito.
3. Seja realista sobre os desafios de lidar com a mudança de forma bem-sucedida.
4. Colete informações através de perguntas e pesquisas. Tenha o máximo de informações possíveis sobre a mudança.
5. Seja produtivo ao máximo em sua atual função. Concentre-se nas tarefas de organização e manutenção de registros, para que esteja preparado para entregar as responsabilidades atuais a outra pessoa. Esteja pronto para demonstrar a sua competência.

6. Dê uma chance às novas ideias. Não faça julgamentos precipitados sobre novos relacionamentos. Mantenha a mente aberta.

7. Pratique estratégias eficazes de gestão do estresse. Atualize seu conhecimento e suas competências onde for necessário, de modo a continuar a ser visto como um valioso e flexível membro de equipe.

8. Considere a possibilidade de contatar os recursos da sua empresa, tais como consultores e orientadores.

9. Seja um líder na adoção e facilitação da mudança.

Sentir pena de si mesmo e de sua condição atual não é apenas desperdício de energia, mas o pior hábito que você poderia adquirir.

DALE CARNEGIE

Obter a aceitação dos funcionários

Uma vez instaladas as principais peças de uma ação de mudança, o foco precisa se direcionar rumo ao estágio final: a estratégia para solidificar, fortalecer e refinar os novos métodos de forma contínua. Os gerentes não devem pressupor que o fato de a mudança beneficiar a empresa seja motivo para que esta seja aceita imediatamente pelos funcionários. O desafio é superar a resistência.

Nunca se esqueça de que, geralmente, a maioria das pessoas resiste à mudança, pelo menos até certo ponto, mas tenderá a reverter os velhos hábitos e práticas se lhes for dada oportunidade.

O primeiro passo para se defender contra qualquer tendência de rejeição ao novo e de recuo em direção ao velho é entender por que as pessoas estão reagindo de tal forma e encontrar a melhor maneira de minimizar sua resistência. Os psicólogos salientam que há cinco medos de mudança.

1. *Medo do desconhecido.* Ficamos mais à vontade com coisas conhecidas, ambientes familiares, atividades seguras e estáveis.

2. *Medo do fracasso.* Tememos as consequências de tentar algo novo que pode não ser bem-sucedido.

3. *Medo do compromisso.* Temos medo de nos concentrar em objetivos específicos.

4. *Medo de desaprovação.* Se realizarmos mudanças, haverá sempre algumas pessoas que podem desaprovar. Elas costumam dizer: "Nós sempre fizemos isso desta maneira. Por que mudar?"

5. *Medo do sucesso.* Medo de que, se formos bem-sucedidos, os outros fiquem com inveja ou achem que somos "arrogantes".

Se temos como objetivo nosso próprio aperfeiçoamento, da nossa família, do nosso departamento e da nossa empresa, deveremos superar esses medos e trabalhar visando às mudanças necessárias.

A mudança envolve os passos a seguir. Como gestores, devemos não apenas aplicar esses passos em nosso benefício, mas treinar os funcionários para fazer o mesmo.

Desista de velhos hábitos

Antes que possamos entrar em uma nova realidade, precisamos finalizar aquilo que era costume antigo. É difícil desistir de hábitos, práticas e padrões de pensamentos que dominam as nossas vidas. Muitas dessas mudanças nos padrões de vida são, na maioria das vezes, consideradas como sinais de perda. Estamos de fato perdendo uma situação segura e familiar e nos deslocando para circunstâncias estranhas e, por vezes, assustadoras. Em alguns casos, isso significa o distanciamento de colegas antigos, o abandono de um projeto no qual dedicamos tempo e esforço intensivo ou extensivo e com o qual nos identificamos, a perda de valores significativos.

Porém, como em qualquer perda, é necessário abrir mão do que é velho. Nunca é fácil separar-se do passado. É inquietante e perturbador. Pode abalar o âmago da psique. Algumas pessoas ficam com raiva, outras tristes, outras, ainda, ficam confusas. Muitos sofrem com tudo isso antes de finalmente deixar ir o velho e abraçar o novo.

A função de um gestor é ajudar o pessoal a atravessar o labirinto da mudança, lidar com isso em termos realistas e chegar ao fim mais rápido, mais fácil e com o mínimo de desgaste emocional.

Siga em frente

Adotar um novo método de fazer as coisas não é fácil. As pessoas ficam presas entre a velha e a nova maneira. Muitas vezes ouvimos queixas e comentários que condenam as mudanças e o desejo de voltar às maneiras seguras e familiares, em vez de avançar em território desconhecido.

Muitas pessoas se preocupam e têm dúvidas, medo e ansiedade. Elas se sentem erradicadas e não muito certas de como vão se encaixar na nova ordem das coisas. Novas maneiras, novos métodos e novos objetivos podem ser assustadores, mesmo para pessoas que tiveram registros anteriores de sucesso.

As pessoas devem passar pelo processo de mudança, o que lhes permite esclarecer dúvidas e medos em seus próprios ritmos. É o período em que elas irão redefinir seus papéis, renovar seus compromissos e recriar novas abordagens; podem testar ideias, tentar novas alternativas e reconfigurar o conceito que têm de si mesmas. Esse é um momento dinâmico e confuso, porque o conflito entre o passado e o futuro ainda não está completamente superado.

> A maior parte das coisas importantes do mundo foi realizada por pessoas que continuaram tentando quando parecia não haver mais esperança.
>
> DALE CARNEGIE

Adaptação da mudança

À medida que avançamos, novas abordagens substituem as antigas. Nós agora estamos abertos ao processo de mudança. O pensamento e o comportamento que antes eram rejeitados estão sendo experimentados. O fato de ver o sucesso neles reforça o comportamento e começamos a nos sentir mais confiantes. Estamos agora prontos para avançar rumo a aplicações mais complexas.

O novo pensamento e as novas abordagens para o trabalho tornam-se completamente integrados. As pessoas vivenciam uma nova experiência de si mesmas e veem que as coisas que não pareciam possíveis estão acontecendo de verdade. Isso resulta em autoconfiança renovada, entusiasmo e um sentimento de que são engajados. A nova cultura organizacional é abraçada, e são efetuados compromissos para assegurar o seu sucesso.

As novas abordagens, métodos ou técnicas abrem a porta para a aceitação total. O que antes era estranho e assustador agora se transforma em um modo de vida. As pessoas estão aclimatadas à cultura atual e adotam novas formas de operação. Reformularam sua própria identidade e estão orgulhosas de ter realizado a transição.

O final do processo

O processo de mudança termina? Não há dúvidas de que a mudança é contínua. No entanto, para tornar o processo significativo, deve ser estabelecida alguma forma de encerramento. No início do processo, é importante determinar quanto tempo se levará para alcançar os objetivos estabelecidos. Dependendo da complexidade da situação, isso pode variar de objetivos de curto prazo, de menos de um ano, até objetivos de longo prazo, de vários anos.

Se o tempo definido é muito curto, os problemas críticos devem ser abordados e as correções devem ser iniciadas, mas as mudanças permanentes que realmente transformam a cultura não serão realizadas. Se o tempo definido é muito longo, o entusiasmo e o comprometimento com o processo pode diminuir.

A mudança nunca cessa

Conforme indicado, parte de qualquer transformação de uma cultura corporativa é o surgimento de um espírito de descontentamento construtivo. Tanto gestores quanto empregados devem ser doutrinados com a atitude de que as coisas nunca são perfeitas e que cada um deve estar alerta para tornar o trabalho ainda mais eficaz. Não apenas cada indivíduo torna-se uma fonte de novas ideias e métodos aperfeiçoados, mas também a própria empresa estabelece um procedimento para estimular essas ideias e processá-las, para que elas alcancem os níveis de gestão que permitam as tomadas de decisão.

Independente de as mudanças serem bem-sucedidas, não se trata de uma situação estática. Esse não é o momento de se tornar complacente. Sim, nós realizamos os objetivos que estabelecemos quando o processo começou, porém, assim como as mudanças na tecnologia, no marketing e nas relações interpessoais continuarão a ser realizadas, devemos estar preparados para manter a atualização e a revisão do nosso pensamento para permanecer no auge da eficiência.

PONTOS IMPORTANTES

- A maioria de nós experimenta o medo de alguma forma em um ambiente de trabalho em mudança. Nós não sabemos se ela terá um impacto positivo ou negativo em nossa vida. Para ter sucesso durante tempos de mudança, temos de achar formas de trabalhar com os nossos medos.

- Nossas atitudes sofrem em tempos de mudança. Nós não apenas nos sentimos inseguros e desconfortáveis, mas às vezes temos problemas reais com a mudança e não nos sentimos positivos em relação a ela.
- Algumas das formas de manter uma atitude positiva em relação às mudanças são:
  - Ajustar as expectativas para se adaptar às circunstâncias.
  - Desenvolver relações e redes de relacionamentos dentro e fora da empresa.
  - Ser paciente. Os efeitos das mudanças não são sempre claros imediatamente.
  - Ser ousado. Considere a mudança como um desafio. Tente coisas novas. Não tenha medo de correr riscos razoáveis.
  - Pratique descontentamento construtivo. Busque maneiras de aperfeiçoar métodos, sistemas e protocolos.
  - Peça a opinião dos outros em relação aos resultados obtidos a partir das mudanças.

Para tornar a mudança eficaz, siga as orientações:

Analise a situação. Pergunte:
- Quais são os ganhos potenciais na execução da mudança?
- Quais são os custos?
- Quais são os riscos de fazer a mudança?
- Quais são os riscos de não fazer a mudança?

Planeje a direção. Uma vez compreendido que as oportunidades têm mais importância do que os riscos de fazer a mudança, desenvolva um plano de implementação.

Implemente a mudança. Dependendo do tipo e escopo da mudança, a implementação na empresa pode ser gradual ou imediata.

Avalie a direção. Monitore os resultados da estrutura e do sistema novos. Estabeleça os pontos de avaliação que revelarão se a mudança está funcionando como previsto e se está produzindo os resultados esperados.

Integre as mudanças às normas organizacionais. Devemos nos fazer as seguintes perguntas:
- Até que ponto a mudança está cumprindo os resultados planejados?
- Quais aspectos da mudança não satisfizeram as expectativas?
- Qual é o meu papel para tornar esses aspectos mais bem-sucedidos?

Faça os ajustes necessários para corrigir os problemas, de modo a assegurar o sucesso a longo prazo.
- Como líderes, espera-se que formulemos respostas apropriadas para a mudança. Outras pessoas da empresa olham para nós querendo saber como reagimos à mudança no local de trabalho. Se demonstrarmos preocupação ou estresse em relação a elas, seus próprios medos serão reforçados. Precisamos manter o controle das nossas ações e atitudes.
- Nunca esqueça que, geralmente, a maioria das pessoas resiste à mudança, pelo menos até certo ponto, mas tenderá a reverter os hábitos e as práticas antigas se lhes for dada a oportunidade.

- O gerente deve sempre estar alerta para a necessidade de mudança. Deve também estar preparado para mudar a si próprio e para incutir nos funcionários a flexibilidade — não apenas para eles aceitarem a mudança, mas também para trabalharem entusiasmados para o sucesso da implantação desta.

APÊNDICE A

Sobre Dale Carnegie

Dale Carnegie foi o pioneiro do que agora é conhecido como o movimento do potencial humano. Seus ensinamentos e sua literatura têm ajudado pessoas do mundo inteiro a se tornarem indivíduos autoconfiantes, apresentáveis e influentes.

Em 1912, Carnegie deu seu primeiro curso sobre como falar em público em uma ACM (Associação Cristã de Moços), na cidade de Nova York. Assim como na maioria dos cursos sobre como falar em público dados naquela época, Carnegie começou a aula com uma palestra teórica, mas logo percebeu que os participantes pareciam entediados e inquietos. Algo precisava ser feito.

Dale parou sua palestra e apontou com calma para um homem na fileira de trás e pediu que ele se levantasse e falasse de improviso sobre sua formação. Quando o aluno terminou, Dale pediu que outra pessoa falasse sobre si mesma e assim por diante, até que todos na classe tivessem feito um pequeno discurso. Com o incentivo dos colegas de classe e a orientação de

Carnegie, cada um deles superou o próprio medo e fez discursos satisfatórios. "Sem saber o que estava fazendo", Carnegie relatou mais tarde, "eu me deparei com o melhor método para vencer o medo."

Seu curso tornou-se tão popular que ele foi convidado a aplicá-lo em outras cidades. Com o passar dos anos, ele continuou desenvolvendo o conteúdo do curso. Percebeu que os alunos estavam mais interessados em aumentar sua autoconfiança, melhorar suas relações interpessoais e se tornarem bem-sucedidos nas suas carreiras, além de superarem o medo e a apreensão. Isso resultou na importância de mudar o foco do curso de "como falar em público" para "como lidar com essas questões". Os discursos tornaram-se o meio para uma finalidade, em vez da finalidade em si propriamente.

Além do que aprendeu com seus alunos, Carnegie envolveu-se em extensas pesquisas sobre a abordagem da vida de homens e mulheres bem-sucedidos. Ele as incorporou em suas aulas. E foi isso que o levou a escrever seu livro mais famoso: *Como fazer amigos e influenciar pessoas.*

Esse livro tornou-se um best-seller imediato e, desde sua publicação, em 1936 (e sua edição revisada em 1981), foram vendidos mais de 20 milhões de cópias e traduzido para 36 idiomas. Em 2002, *Como fazer amigos e influenciar pessoas* foi considerado o livro de negócios mais importante do século XX. Em 2008, a revista *Fortune* classificou-o como um dos sete livros que todos os líderes deveriam ter na estante. Seu livro *Como evitar preocupações e começar a viver,* escrito em 1948, também vendeu milhões de cópias e foi traduzido para 27 idiomas.

Dale Carnegie morreu no primeiro dia de novembro de 1955. Seu obituário em um jornal de Washington resumiu a contribuição dele para a sociedade: "Dale Carnegie não solucionou nenhum dos profundos mistérios do universo. Mas, talvez, mais do que ninguém da sua geração, ele tenha ajudado os seres humanos a aprender como conviverem juntos — o que por vezes parece ser a maior necessidade de todos."

Sobre a Dale Carnegie & Associates, Inc.

Fundada em 1912, a Dale Carnegie Training evoluiu a partir da crença de um homem no poder do autoaperfeiçoamento. Com escritórios no mundo inteiro, a empresa baseia seu treinamento no desempenho. Voltada para as pessoas da área de negócios, seu foco é dar a oportunidade de aprimorar as habilidades e melhorar o desempenho, de modo a construir resultados positivos, estáveis e rentáveis.

A estrutura original de conhecimento de Dale Carnegie tem sido atualizada, expandida e aperfeiçoada constantemente através de experiências de vida reais na área de negócios por quase um século. Os 160 franqueados da Dale Carnegie espalhados pelo mundo usam seus serviços de treinamento e consultoria em empresas de todos os tamanhos e de todos os segmentos de negócios para aumentar o conhecimento e o desempenho. O resultado dessa experiência coletiva global é um acúmulo crescente de perspicácia nos negócios, na qual os nossos clientes confiam para impulsionar os resultados das suas empresas.

Com sede em Hauppauge, Nova York, a Dale Carnegie Training está representada em todos os cinquenta estados dos Estados Unidos e em mais 75 países. Mais de 2.700 instrutores apresentam os programas da Dale Carnegie Training em mais de 25 idiomas. A Dale Carnegie Training dedica-se a prestar serviços à comunidade de negócios no mundo inteiro. De fato, cerca de 7 milhões de pessoas concluíram o programa da Dale Carnegie Training.

A Dale Carnegie Training enfatiza princípios e processos práticos através da concepção de programas que oferecem conhecimento, habilidades e práticas que as pessoas precisam para agregar valor ao negócio. Ao conectar soluções comprovadas com desafios do mundo real, a Dale Carnegie Training é reconhecida internacionalmente como líder na missão de destacar o que cada um possui de melhor.

Dentre os graduados desses programas estão os CEOs das grandes corporações, proprietários e gestores de empresas de todos os tamanhos e de todas as atividades comerciais e industriais, líderes do Legislativo e do Executivo de governos e inúmeros indivíduos cujas vidas foram enriquecidas pela experiência.

Em um levantamento global em curso sobre satisfação do cliente, 99% dos graduados da Dale Carnegie Training expressaram satisfação com o treinamento que receberam.

SOBRE O EDITOR ORIGINAL

Este livro foi compilado e editado originalmente pelo Dr. Arthur R. Pell, que foi consultor da Dale Carnegie & Associates por 22 anos e escolhido pela empresa para atualizar e ser o editor original do livro *Como fazer amigos e influenciar pessoas*, de Dale Carnegie. Ele também é autor de *Enriqueça sua vida, o Método Dale Carnegie* e escreveu e editou *O lado humano*, uma coluna mensal da Dale Carnegie que foi publicada em 150 revistas profissionais e de negócios.

Ele é autor de mais de cinquenta livros e centenas de artigos sobre gerenciamento, relações humanas e autoaperfeiçoamento. Além de sua própria obra em livros, textos e artigos, o Dr. Pell editou originalmente obras clássicas no campo do potencial humano, tais como *Pense e enriqueça*, de Napoleon Hill, *O poder do subconsciente*, de Joseph Murphy, *O homem e aquilo que ele pensa*, de James Allen, *O bom senso*, de Yoritomo Tashi, e obras de Orison Swett Marden, Julia Seton e Wallace D. Wattles.

APÊNDICE B

Os princípios de Dale Carnegie

Torne-se uma pessoa mais amigável:
1. Não critique, não condene, não se queixe.
2. Aprecie honesta e sinceramente.
3. Desperte um forte desejo nos demais.
4. Torne-se verdadeiramente interessado na outra pessoa.
5. Sorria.
6. Lembre-se de que o nome de uma pessoa é para ela o som mais doce em qualquer idioma.
7. Seja um bom ouvinte. Incentive os outros a falarem sobre si mesmos.
8. Fale de coisas que interessem à outra pessoa.
9. Faça a outra pessoa sentir-se importante — e faça isso com sinceridade.
10. A única maneira de ganhar uma discussão é evitando-a.
11. Respeite a opinião dos outros. Nunca diga a uma pessoa que ela está errada.

12. Se você estiver errado, reconheça o seu erro rápida e energicamente.

13. Comece de uma maneira amigável.

14. Leve a outra pessoa a dizer "sim" imediatamente.

15. Deixe a outra pessoa falar na maior parte da conversa.

16. Deixe que a outra pessoa sinta que a ideia é dela.

17. Procure honestamente ver as questões sob o ponto de vista da outra pessoa.

18. Seja receptivo às ideias e aos anseios da outra pessoa.

19. Apele para os motivos mais nobres.

20. Dramatize suas ideias.

21. Lance um desafio.

22. Comece com um elogio e uma apreciação sincera.

23. Chame a atenção para os erros das pessoas de forma indireta.

24. Fale sobre seus próprios erros antes de criticar os da outra pessoa.

25. Faça perguntas em vez de dar ordens diretas.

26. Permita que a outra pessoa corrija seus próprios erros.

27. Elogie o menor progresso e elogie cada progresso. Seja "sincero na sua apreciação e generoso no seu elogio".

28. Proporcione à outra pessoa uma boa reputação para ela zelar.

29. Empregue o incentivo. Faça com que o erro pareça fácil de ser corrigido.

30. Faça com que a outra pessoa se sinta feliz realizando o que você sugere.

Princípios fundamentais para superar preocupações:

1. Viva "um dia de cada vez".
2. Como enfrentar um problema:
   - Pergunte a si mesmo: "O que pode acontecer de pior?"
   - Prepare-se para aceitar o pior.
   - Procure melhorar o pior.
   - Lembre-se do preço exorbitante que você pode ter de pagar pela sua saúde devido às preocupações.

Técnicas básicas para analisar as preocupações:

1. Reúna todos os fatos.
2. Pondere os fatos e, depois, tome uma decisão.
3. Uma vez tomada a decisão, entre em ação!
4. Anote por escrito e responda as seguintes perguntas:
   - Qual é o problema?
   - Quais são as causas do problema?
   - Quais são as possíveis soluções?
   - Qual é a melhor solução possível?

Acabe com o hábito de se preocupar antes que ele acabe com você.

1. Mantenha-se ocupado.
2. Não se aflija com ninharias.
3. Use a lei das probabilidades para banir suas preocupações.
4. Coopere com o inevitável.
5. Decida apenas o quanto pode valer a pena algo em termos de ansiedade e recuse-se a dar mais.
6. Não se preocupe com o passado.

Cultive uma atitude mental que lhe proporcione paz e felicidade.

1. Preencha sua mente com pensamentos de paz, coragem, saúde e esperança.
2. Nunca tente se vingar dos seus inimigos.
3. Espere a ingratidão.
4. Conte suas bênçãos e não seus problemas.
5. Não imite as outras pessoas.
6. Tente tirar proveito das suas perdas.
7. Crie felicidade para os outros.

Este livro foi composto na tipografia Minion Pro,
em corpo 11/15,8, e impresso no Sistema Digital Instant
Duplex da Divisão Gráfica da Distribuidora Record.